1日1回!
つかんで
ひっぱる
だけ!

40代からのズボラくびれづくり

著
水野志音

監修
工藤孝文
[医師]

あさ出版

やせたい！
やせて、きれいで魅力的な体形を手に入れたい！
そう思いながら、ダイエットを頑張っている方は多くいらっしゃるでしょう。

しかし、

やせたら本当に、きれいで魅力的な体形が手に入るのでしょうか？

「きれいで魅力的」な女性の中には、ふくよかな方も多くいらっしゃいます。
また、すごく細くても魅力的に見えない方がいらっしゃるのも事実です。

そう、細さは、必ずしも美しさには直結しないのです。
では、女性をきれいに、魅力的に見せてくれるものは何でしょうか。

それは、ずばり曲線、くびれるべきところがくびれたメリハリボディです。

豊かなバストとヒップ、そして、くびれたウエストでつくられた曲線美は、多くの女性が憧れるシルエットです。

この本では、そんなメリハリボディをつくるために最も大切な「くびれ」をカンタンにつくることができる**「ズボラくびれづくり」**メソッドをご紹介します！

筋膜リリース×エステ
＝最強ズボラくびれづくり

「ズボラくびれづくり」のメソッドは、筋膜リリースとエステの手技を組み合わせたもので、筋膜リリースで筋膜をゆるめたあと、エステの手技を用いて、ウエストを理想のボディラインにととのえます。

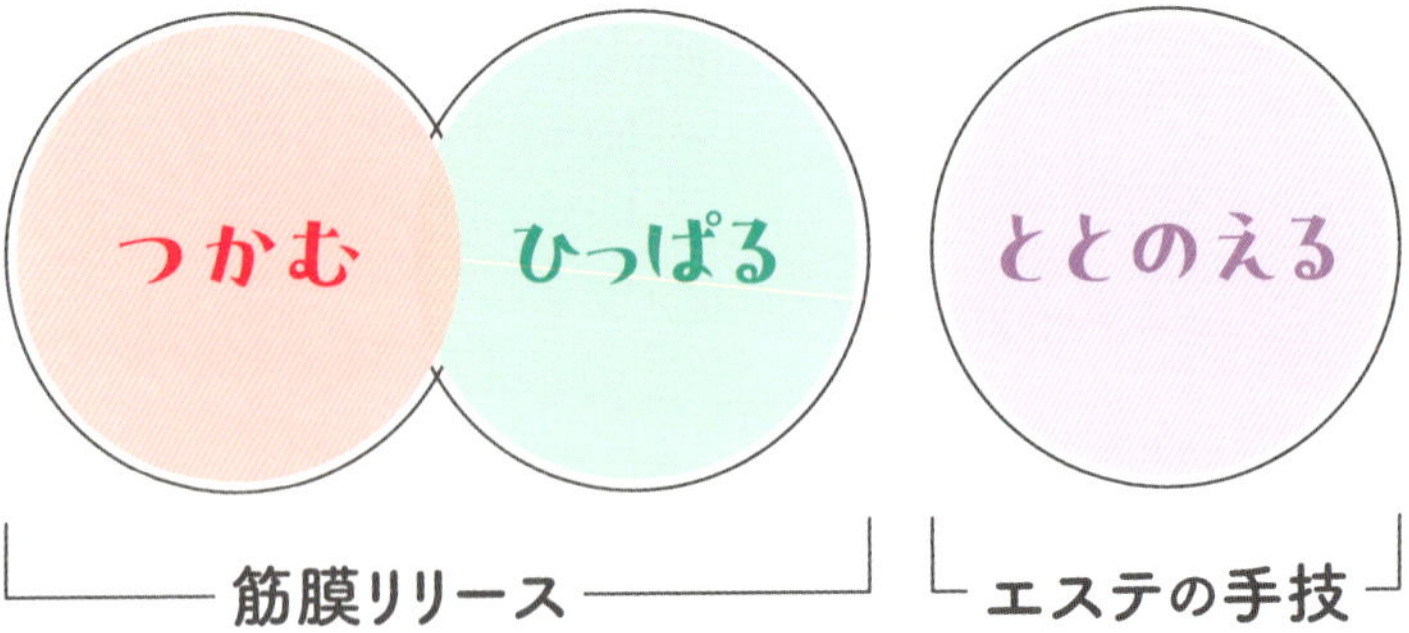

Before

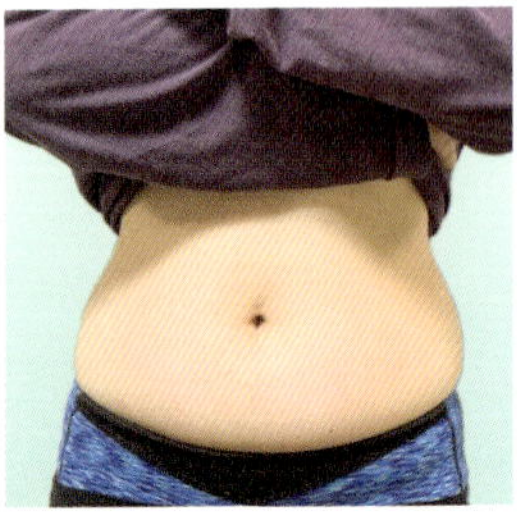

著者も
1週間で
この変化！

After

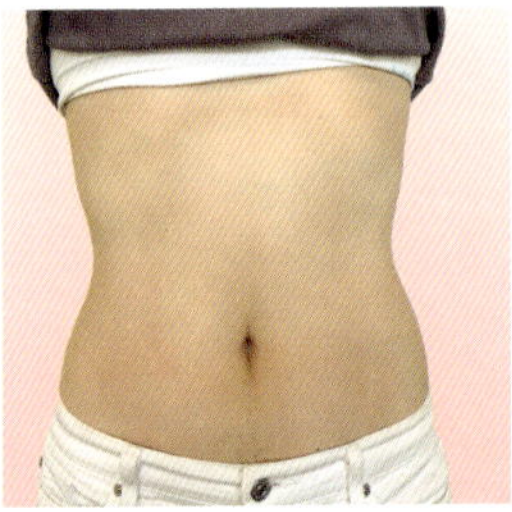

筋膜リリースとは?

筋膜とは、筋肉などを包み込んでいるタンパク質でできた薄い膜のこと。

全身に張り巡らされており、骨が内側から人間の体を支える一方で、筋膜は外側から体を包み込んでいます。

ただ、この筋膜は、体内で癒着を起こしやすいのが難点です。

例えば、ストッキングのどこか1カ所が、ご飯粒などでくっついてしまったら、足全体に違和感が出て、歩きにくくなりますよね？

筋膜が癒着すると、これと同じようなことが起きるのです。

癒着した筋膜をはがして元の状態に戻すことを筋膜リリースといいます。

ズボラくびれづくりは、筋膜をゆるめたあと、ボディラインをととのえることで理想のボディラインをつくることができるのです。

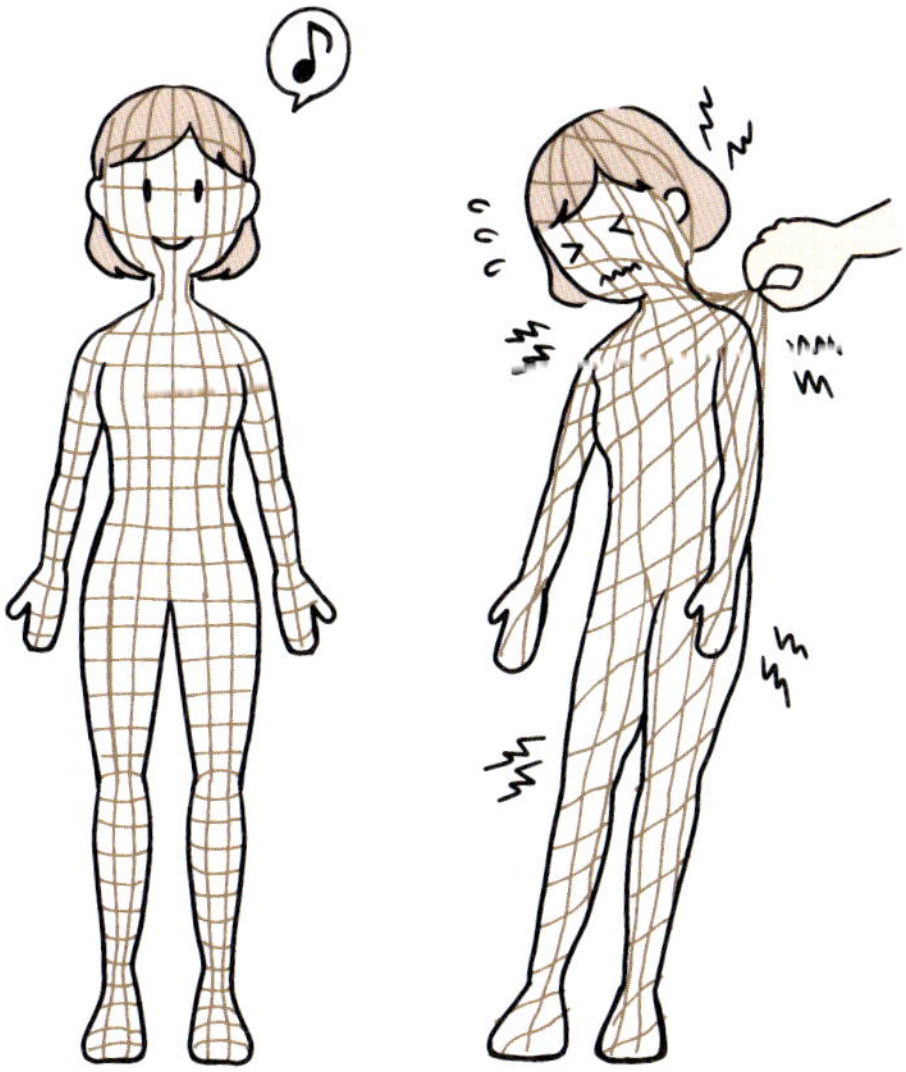

ズボラくびれづくりのメリット

寝たままできる！

この本で紹介するくびれづくりのメソッドは計５つ。
そのうち２つは寝たままでもできるので、
まさにズボラさんにぴったり！

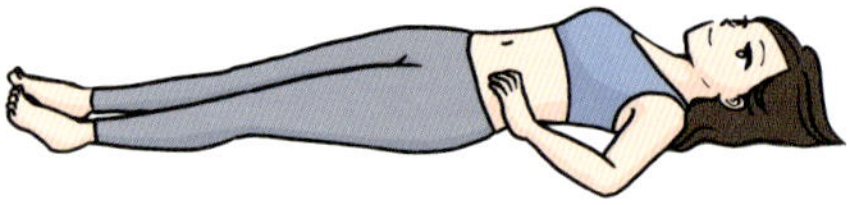

1日1回でもOK！

１日１回行うだけでもOK ！
三日坊主の人も継続できます！

さまざまな健康効果も！

筋膜の癒着がなくなることで柔軟性がアップし、
血行がよくなり、肩こりや腰痛の改善、
姿勢がよくなるなど、体が軽やかになります。
また、呼吸が深くなり睡眠の質も向上します。

誰でもカンタンにできる！

いつでも自宅でカンタンに行うことができます。
子どもから、体力や柔軟性に自信がない高齢の方まで
無理なくできるのが魅力です！

体重が落ちて美容効果も表れる！

もともと脂肪が多い人は、筋膜リリースにより
代謝がよくなり、自然と体重も落ちていきます。
また、筋膜をゆるめることで
血流とリンパの流れがよくなり、
肌ツヤがよくなる効果も！

自信がついて、おしゃれが楽しくなる！

ウエストが細くなると、
着たい服を着ることができるようになるので、
自信がついて、おしゃれが楽しくなります！

体験者の Before → After

Before

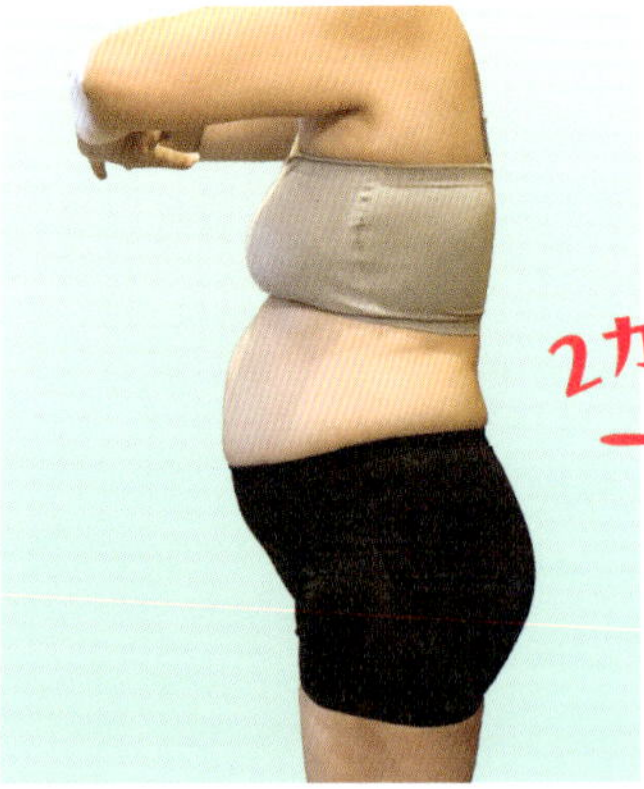

2カ月後 →

After

ウエスト
95.5cm→76cm
-19.5cm

Nさん 54歳

これまでダイエットをして体重が落ちても、お腹の肉だけはなかなか落ちませんでした。お風呂に入るたびに鏡に映る自分の姿を見ることが苦痛で仕方がなかったです。

でもズボラくびれづくりをした結果、19.5㎝もウエストが細くなって、自分に自信が持てるように！　この結果に私自身が一番びっくりしています！

ズボラくびれづくりは、**お金をかけずとも自分の手が魔法の手に**なります。コツコツと続ければ続けただけ、お肉もコツコツとなくなっていきます！

Hさん **50歳**

年齢とともに体重がだんだんと増加し、昔は悩みもしなかったお腹まわりが中年太りで情けない状態になってしまったのが、ずっといやでした。

ズボラくびれづくりを始めた頃は、肉の厚みや硬さ、慣れない動作のため、なかなかうまく肉をつかめませんでしたが、**続けるうちにだんだんほぐれてきて、つかんでいる部分の厚みが変わり、肉質がやわらかくなっていきました。**

真面目に続ければ、**運動をしなくても体の形は整う**のだと感動しました！

ジムに行く時間やお金に余裕がない人、自宅でセルフケアをしたい人、部分やせしたい人などにおすすめです！

Iさん 33歳

もともと寸胴体型でまったくメリハリがなく、タイトスカートをはくとポッコリお腹が目立ってしまうのが悩みでした。

ズボラくびれづくりは自分の手だけで、いつでもどこでも気付いたときにできるので、**思った以上にカンタンに続けることができました。**

何をやっても途中であきらめていた自分が、お腹まわりをすっきりさせることができて大きな自信に！　続ける中で、自然とお水をたくさん飲んだり、タンパク質を摂取したり、食生活も気を付けるようになりました。

いろいろなダイエットを試してきたけれど挫折してしまった人こそ、一度だまされたと思ってやってみてほしいです！

Tさん 44歳

やせ型なのでもともとの肉付きが悪く、体のラインにメリハリをつくりにくいと感じていました。特に胸が寂しいのが悩みでした。

しかし、毎日ウエストを測りながら、ズボラくびれづくりを続けたところ、自分でもびっくりするくらいの成果が！

理想のスタイルは自分でつくれるということを初めて実感できて感動しました。

同性である女性にスタイルを褒められる回数が増えたのも嬉しいです。太っても自分でなんとかできる方法を学べたので、安心感も得られました。

ウエストや下腹部を見て嬉しくてニンマリしてしまいます。**太ってはいないけれど体にメリハリがほしいという方にもピッタリです！**

Iさん 68歳

ズボラくびれづくりを始める前は、「体のラインをスッキリさせて孫と闊歩したい！」を目標にしていましたが、**続けていくうちに、「これは自分との楽しい闘いでは!?」と思うようになり、だんだんと毎日やるのが楽しくなっていきました。**

ズボラくびれづくりでは、ウエストが細くなっただけでなく、呼吸が深くなり、肋骨まわりの施術により腸の動きもよくなりました。「姿勢がいいね！」と褒められることが増えたのも嬉しいです。

今も少しずつサイズダウンを実感しています。毎日コツコツとすき間時間を使い、さらにスッキリしたお腹を目指していきます！

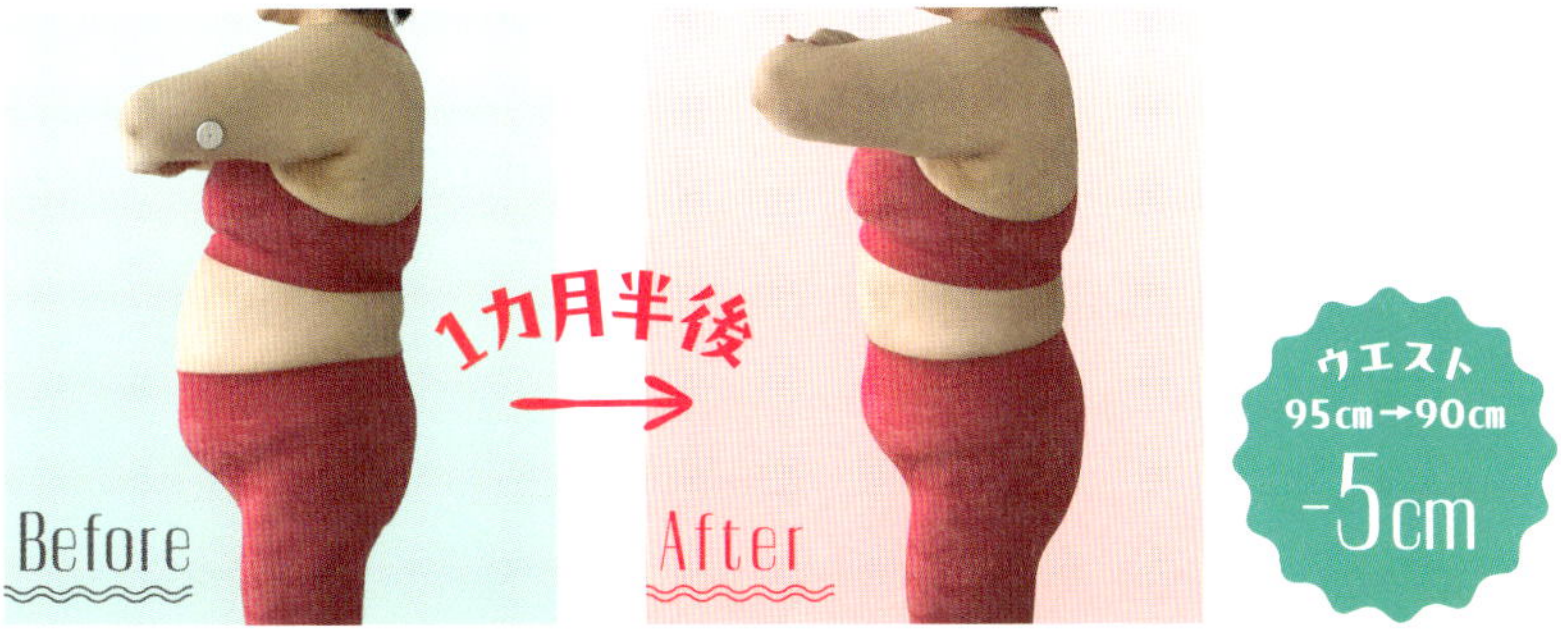

Uさん
49歳

アラフィフになり、下っ腹がポッコリした重力に負けた体形がいやでした。持病があるので目覚ましい結果にはならないと思っていましたが、**だんだんとお肉がやわらかくなり、少しずつですが確実に細くなり**嬉しくなりました。これから、もっとほっそりさせたいと思っています！

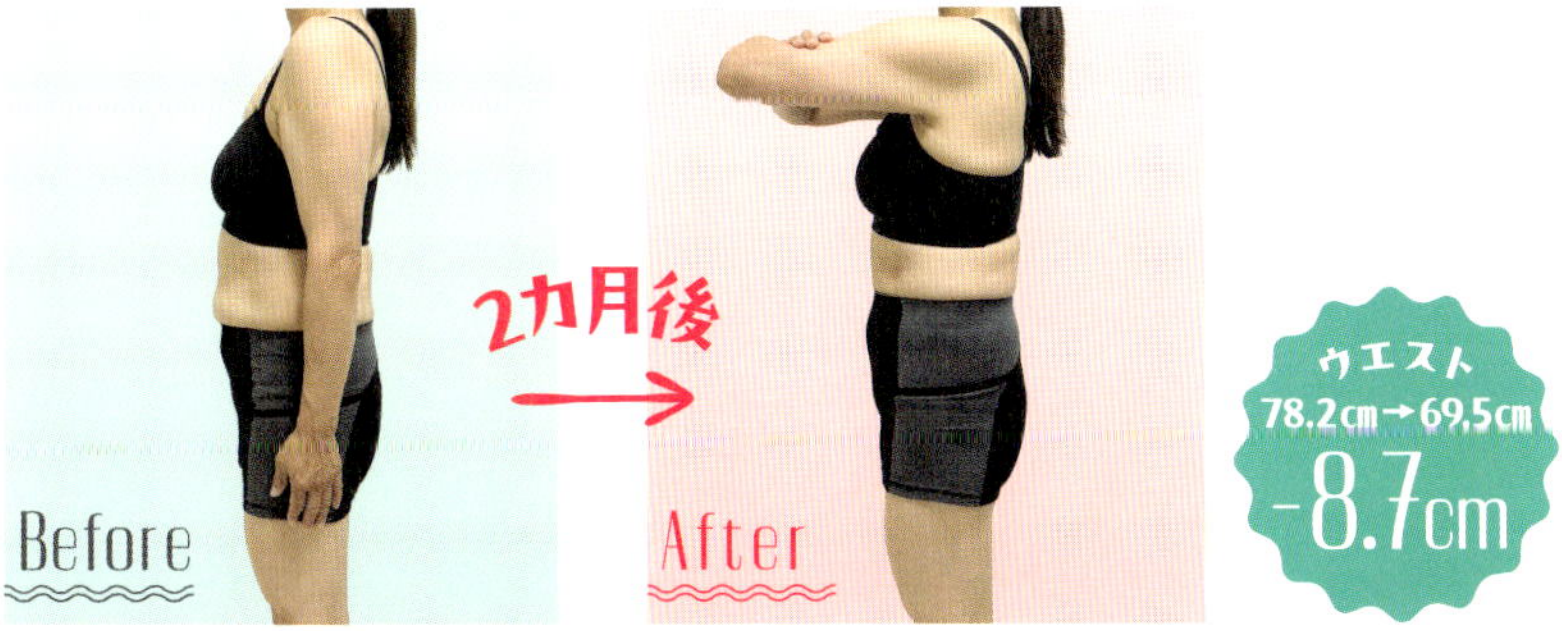

Kさん
54歳

少しでもスッキリしたらいいな、くらいの気持ちで始めましたが、**運動をしてもジムで筋トレをしてもとれなかったお腹まわりの肉がどんどんなくなっていきました！**

今はピッタリサイズのTシャツが着られたり、温泉で前より堂々と歩けたり（笑）。選ぶ服も少しずつ変わってきて、やって本当によかったです！

くびれは全身にある！

くびれというと、一般的にウエストを思い浮かべますが、他にもくびれていたりメリハリがあることで魅力的に見える部位は多くあります。

この本では、ウエスト、肋骨まわり、肩＆二の腕、バスト、太ももの計５つのズボラくびれづくりメソッドを紹介します。

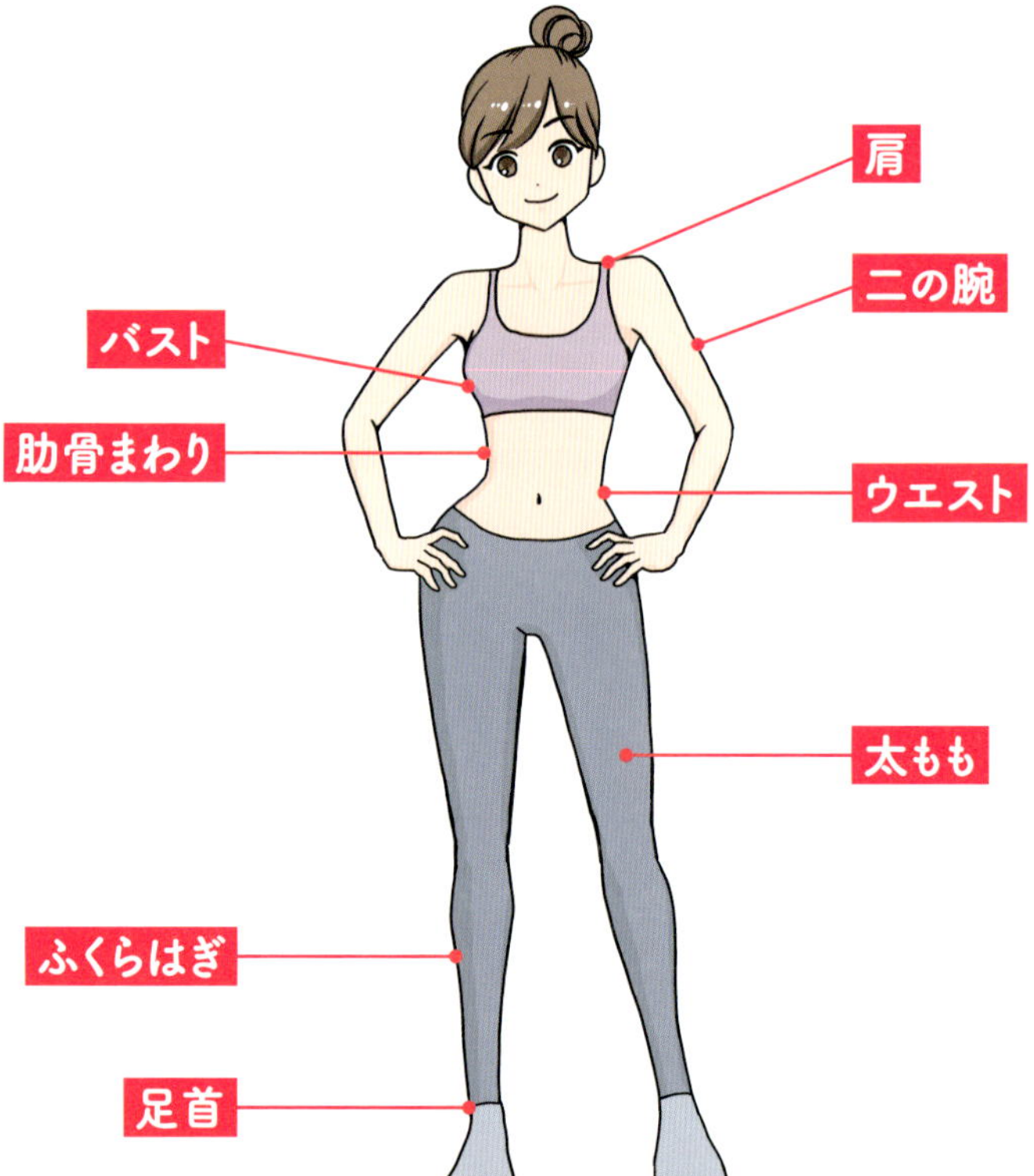

5つのズボラくびれづくりメソッド

1. ＼寝たままできる！／ ウエスト

くびれといえば、お腹まわり。ウエストが細くなると全体のバランスもぐんとよくなります。

→66ページ

2. ＼寝たままできる！／ 肋骨まわり

胸の下にある肋骨を締めることで、ウエストにさらに理想的なくびれが出現します。

→70ページ

3. 肩＆二の腕

首から肩にかけてのくびれができると小顔に見えます。また、この部分のくびれはデコルテを美しく見せてくれます。

→72ページ

4. バスト

他の部位とは違い、バストはサイズアップを目指します。バストが大きい人でも、バストの形が整うことでよりウエストのくびれが強調されます。

→76ページ

5. 太もも

太ももにもくびれをつくると、両脚の間にスキマができ、美しいラインが手に入ります。

→78ページ

はじめに

こんにちは！

リバースエイジング美容家の水野志音です。

リバースエイジングとは、若返ること。私は、女性はいつからでもきれいに若々しくなれるという信念のもと、女性の「きれいになりたい」という願いを叶えるお手伝いをしています。


この本では、多くの女性の憧れであるくびれをつくる方法、「ズボラくびれづくり」メソッドをご紹介します。

「ズボラ」とつくその名のとおり、1日たった数分で、誰でもカンタンに無理なく、くびれをつくることができるメソッドです。

今でこそ、私自身もくびれを手に入れ、多くの女性のくびれをつくるために活動していますが、もともとは私も長年、体形に悩んでいました。

高校時代、受験のために部活を辞めてから体重は増える一方。テレビや雑誌で話題になるダイエット法をひと通り試すも、少し減量してはすぐにリバウンドしていました。

「きれいになりたい」

この気持ちに嘘偽りはないのに、なりたい自分になれないことに苦しみ、どんどん自分のことが嫌いになっていきました。

そんな経験から、人を癒やして体を美しく変えたいとエステティシャンに。痩身サロンや小顔サロンで毎日、たくさんの女性をきれいで魅力的な体へと変身させてきました。

エステティシャンは私にとって天職だったようで、きれいになっていくお客様を見ると嬉しく、施術のスキルアップにどんどんのめり込んでいきました。

しかし、そんなある日、肋骨を疲労骨折、さらに両手の親指が腱鞘炎になってしまい、施術ができなくなってしまったのです。

医師からいいわたされた安静期間は5カ月間。

大好きな施術ができず休職を余儀なくされた私は、そのタイミングで運命的に「筋膜リリース」に出会ったのです。

今まで感じたことのない即効性を体感し、

「これはすごい！　これならお客様にもっと喜んでもらえる！」

と、確信しました。


そこから筋膜リリースについて本格的に学び、さらに筋膜リリースに長年のエステティシャンとして培った手技を組み合わせて、オリジナルの「くびれメソッド」を開発しました。

そしてそれを、自宅で、お客様自身の手でできる、くびれケアへと進化させたのが、この本でご紹介する**「ズボラくびれづくり」**です。


このメソッドは、むずかしくなく、誰でもカンタンに、自分の手でくびれがつくれます。

これまで多くの「ズボラくびれづくり」を実践した方々が、**くびれを手に入れることで自信がついただけでなく、思考も前向きになり、毎日を思いっきり楽しんでいます。**

もし今あなたが、自分の体が嫌いで自信が持てないとしたら、ぜひ、「ズボラくびれづくり」を体験していただけたらと思います。
理想のくびれを手に入れて、人生をもっと輝かせましょう！

水野志音

Chapter 01
ズボラくびれづくりって何？

Chapter 02
今の自分の体を知る

Chapter03
実践！ズボラくびれづくりの方法

Chapter 04
ズボラくびれづくりの効果を最大限に出すためのコツ

Chapter 05
ズボラくびれづくりQ＆A

イラスト✣ありす智子
写真✣モーリ
ヘアメイク✣MIKI
編集協力✣川口裕子（クレア）
本文デザイン・DTP✣株式会社スパロウ
秦はるな／塩川丈思
校正✣鷗来堂

Chapter 01

ズボラくびれづくりって何？

脂肪は悪じゃない！

「ダイエットしよう！」

そう決意したら、あなたは何から始めますか？

食事制限？　それとも運動？

しかし、おいしいものを我慢したり、自分を追い込んで運動を続けたりするのは、カンタンではありません。

どちらも苦行ですし、40歳以上の人が食事制限と運動で体を変えようとすると、頬がこけて、やつれて見えることがほとんどです。

「ああ、この脂肪がなかったら……」

と、**つい恨みたくなる脂肪ですが、実はそれ自体は悪ではありません。**

女性が「女性らしい体」を目指そうとする場合、女性ホルモンが必須ですが、この女性ホルモンは、脂肪がないと分泌されません。男性と比べて女性の体がやわらかく丸みを帯びているのは、脂肪があるからなのです。

また、脂肪が少ないと生理不順や月経痛になるともいわれています。

さらに、極端な話、脂肪がないと人は生きていくことすらできません。

このように、脂肪があることは決して悪いことではないのです。

「とはいえ、くびれをつくるには先に脂肪を減らさないといけないんじゃ？」

と、思うかもしれませんが、その必要はありません。

なぜなら、**ズボラくびれづくりを実践することで、余分な脂肪は自然と減っていく**からです。

ズボラくびれづくりは、**今まで敵視してきた脂肪を味方にして、理想の体形をつくるメソッド**なのです。

ズボラくびれづくりは超カンタン ボディライン形成メソッド

脂肪があってもくびれをつくることができる〝ズボラくびれづくり〟とは、どんなメソッドなのでしょうか。

「ズボラ」というだけあって、やり方はとってもカンタンです。

体の特定の部位をつかんで、ひっぱって、ととのえるだけ。

食事制限も、運動も不要です。

冒頭でもお話ししましたが、ズボラくびれづくりは、**筋膜リリースとエステの手技を合わせたメソッド**です。

詳しくは後ほどお伝えしますが、ボディラインが崩れてしまう原因の多くは、筋膜の癒着にあります。

そのため、このメソッドでは、**体の肉をつかんでひっぱることで筋膜の癒着をはがし、そうしてやわらかくなった体の肉をエステの手技で理想の形に形成**します。

「なんだかむずかしそう……」

「私にできるかな……」

と思った方もご安心ください。

この本ではウエストだけでなく、肩&二の腕や太ももなど計5つのメソッドをご紹介しますが、そのうちの**ウエスト部分のくびれをつくる2つの方法は、寝たままできます**。

寝ながらでもできるくらいカンタンという意味で、「ズボラくびれづくり」と名付けました。

必要なのは、あなたの手とわずかな時間、それから、「私は今からきれいになるんだ！」という強い決意だけです！

1日1回だけでも効果が出る

ズボラくびれづくりは、このあとでご紹介する5つのメソッドのうち、どれかを1日1回するだけでいいというのも魅力の1つです。

ただ、できるだけ毎日続けていただきたいです。体に理想のボディラインを記憶させるには、続けることこそが最も大事だからです。


皆さんは、マッサージを受けた直後はスッキリしたように感じても、すぐに体がいつものダルさに戻ってしまった、ということはありませんか？

それは、**体が、ゆがんだ形を記憶していて戻そうとするから**です。

ここで、ポイントとなるのが筋膜です。

筋膜は第二の骨格と呼ばれており、矯正力があるため、筋膜リリースをして癒着がとれてゆるんだとしても、すぐにもとに戻ってしまいます。

ズボラくびれづくりでは筋膜リリースのあとに、**エステの「流し」の手技を用いて、理想的なボディラインにととのえ**、肉の位置を本来あるべき箇所へ移動させますが、一時的に移動した肉は、放置すると筋膜とともにもとの位置に戻ってしまうのです。

だからこそ、毎日ほんの少しでいいので、ズボラくびれづくりを実践しましょう。**心身ともに疲れ切った日は、体にさわるだけでもいい**です。さわるだけでも、筋膜の癒着を少し防ぐことができます。

この本では便宜上、ひっぱったりする回数を指定していますが、時間に余裕があり、体調もよければ、**何回も繰り返し行ってOK**です。

ズボラくびれづくりの魅力はカンタンであることだけではありません。

次の項目から、あなたも必ずやりたくなる、ズボラくびれづくりの魅力をご紹介しましょう。

ズボラくびれづくりの魅力①

姿勢がよくなり、体が軽やかになる

スマートフォンやパソコンの使用など、現代人はとにかく下を向きすぎています。さらに家事や育児の負担が多くなりがちな女性の姿勢は、肩が丸まっていることが多いです。

ポッコリお腹と、くびれがゼロの原因の1つに、この「体の丸まり」が挙げられます。

体が丸まると、腹筋を十分に使えません。その結果、代謝が悪くなって、老廃物がお腹まわりにたまっていってしまいます。

ズボラくびれづくりを通じて、縮こまった体全体が伸ばされると、体を丸めるクセ自体が修正されます。

結果的に、姿勢がよくなりますし、無理な姿勢が原因で起こる肩こりや腰痛も改善されます。

特に、ズボラくびれづくりのメソッドの1つである**「肩&二の腕」のメソッドは肩こりに効果的**です。

整体に行っても治らなかった肩こりなどの不調が、ズボラくびれづくりで改善されたという例も実際にあります。

加齢のためにまっすぐ立てない、いわゆる「腰が曲がった」状態も、体全体の凝りやゆがみ、筋膜の癒着が原因の場合があります。

ズボラくびれづくりで体全体をほぐしていけば、老け見えする猫背が改善され、腰の曲がりも予防できるので、**いくつになっても若々しい自分**でいられます。

ズボラくびれづくりを続ければ体を動かすのが楽になり、毎日を軽やかに過ごすことができるでしょう。

ズボラくびれづくりの魅力❷

睡眠の質が向上する

睡眠が足りないと、美容にも健康にも、そして心にも悪影響を与えます。眠れているから睡眠不足ではないと思っている方の中にも、実は眠りが浅い方はたくさんいらっしゃいます。

睡眠に悩みがある方にも、ズボラくびれづくりは効果的です。

眠りが浅い原因の1つに、呼吸の浅さがあります。

呼吸が浅いのは、肋骨の動きが悪く、肋骨内にある肺の動きが制限されてしまっているのが原因です。

ズボラくびれづくりの5つのメソッドのうち、特に肋骨まわりのメソッドは、継続して行うことで、肋骨がしっかりと広げられるようになります。

肋骨が広がれば、1回の呼吸で取り込める酸素量が大幅に増えるので、深い呼吸ができるようになり、不眠の改善へとつながります。

しっかり眠れるようになると、成長ホルモンの分泌も促されます。

成長ホルモンは、成長期の子どもだけでなく、実は大人にも、とても重要なものです。

成長ホルモンは、**脂肪組織の分解を促してくれる働きがある**のです。

しっかり分泌されないと、コレステロールが増え、糖尿病や心臓病などのリスクも増えてしまいます。

近年の研究では、成長ホルモンは骨密度を上昇させるなど、さまざまなアンチエイジング効果もあると報告されています。

このように、ズボラくびれづくりで睡眠の質が改善されることで、さまざまな健康効果も実感することができます。

ズボラくびれづくりの魅力❸

肌質がよくなり、美肌になる

ズボラくびれづくりを実践した皆さんが最初に効果を感じるのが、「肌がやわらかくなる」ことです。

つかんで、ひっぱるという動作で体の肉がやわらかくなっていき、肌のさわり心地がよくなります。

たるむのではなく、ふわっとした肌質に変わっていきます。

また、「血色が悪い」「透明感がない」「クマが気になる」などの肌の悩みも改善されていきます。

筋膜をゆるめると、血流やリンパの流れがスムーズになり、老廃物が減っていき、**血色がよくなり、肌がツヤツヤしはじめるのです**。

5つのメソッドのうちの**「肩&二の腕」のメソッドは特に、顔の肌ツヤをよくしてくれます。**

ズボラくびれづくりでは、途中、すべりをよくするためにボディクリームを使います。ボディクリームはすべりがよくなれば、基本的には何でもいいのですが、美肌効果のあるものを選べば、**ズボラくびれづくりとの相乗効果で、ますますキレイになれるでしょう。**どうせやるのであれば、あれもこれもと欲張るのが、ズボラにキレイになる近道。特に脂肪が気になる箇所には脂肪燃焼効果があるものを使うなど、部位ごとにクリームを変えるのもおすすめです。

ズボラくびれづくりの魅力④

自然と体重が落ちる

食生活を変えていないのに、年齢を重ねるほど、だんだんと太りやすくなってきたという方は多くいらっしゃいます。

この現象には、実は筋肉が関係しています。

年齢を重ねると、どんなに健康な人でもホルモンバランスの変化で、筋肉量は自然と減少していきます。

筋肉はエネルギーを多く消費するので、筋肉が少なくなれば基礎代謝も落ち、当然太りやすくなります。

つまり**筋肉量が多く、かつその筋肉がよく動いていれば、基礎代謝は増えていく**というのが体の仕組みです。

しかし、筋膜が癒着していたら、その筋肉の動きが制限されてしまい、今ある筋肉の力を100%発揮できません。

トレーニングで筋肉をつける・増やすという方法もありますが、慣れない運動に挑戦して体を壊すリスクをとるより、ズボラくびれづくりのメソッドを通じて、**今使っていない筋肉を100%動くようにするほうが、ずっと賢いやり方**です。

ズボラくびれづくりを続けていて、筋肉が今まで以上に力を発揮できるようになれば、体重の数値も自然と落ちていきます。

実際にズボラくびれづくりを実践して、運動なし、食事制限なしでも、10kgやせたという方がいらっしゃいます。

また、ズボラくびれづくりを始めると、**体内の巡りがよくなるので、老廃物が流れやすくなり、便秘も解消されます**。

このようにズボラくびれメソッドは、くびれをつくりたい人はもちろん、体重を落としたいという人にもピッタリのメソッドです。

ズボラくびれづくりの魅力⑤

女性としての自信がつく

ズボラくびれづくりの一番の魅力は、**チャレンジした人がみんな、女性としての自信を取り戻していく**ことです。

女性は見た目が変わると、みるみるうちに自信があふれてきます。

今までさまざまなシーンでつい一歩後ろに下がっていた人も、見た目に自信がつくだけで、どんどん前に出ていきたくなります。

きれいになると、いいことが多くなるのは事実です。

時代的に「ルッキズム？」と批判されそうですが、ズボラくびれづくりをきっかけに、美に目覚めた多くの女性が、知らない人から声をかけられる、職場の人から親切にされる、「好きな男ができたのかもしれない」とパートナーから嫉妬される、なんていう経験をされています。

みんなが優しく、ちやほやしてくれるようになるのは、蝶が花に寄っていくように、人は美しいものにはどうしても惹かれるから。これはもう地球の、生物の摂理なのです。

ズボラくびれづくりを実践したら、必ず自信がつくからこそ、1つだけ注意してほしいことがあります。

それは、きれいになっても、世の中の他の多くの女性と自分を比べるのではなく、**常に過去の自分と比べて、今の自分がもっときれいになることを目指してほしい**ということです。

「あの人より私のほうがきれい」
「あの子より私のほうがスタイルがいい」

美しさは、そんなふうに他人と比較するものではありません。

必ずきれいになるからこそ、このことだけは忘れないでくださいね。

COLUMN 1

気をつけたい目標の立て方

意気込み十分に高い目標を立てるのはいいですが、「１カ月でウエスト－30㎝を目指す！」などの**無謀な計画は立てない**ようにしましょう。達成できないと一気にやる気がなくなってしまいます。

では、具体的にどのように目標を立てたらよいのでしょうか。

ポイントは、日常生活の中で、**ワクワクするような、なりたい自分を具体的にイメージすること**です。

例えば、次のようにです。

・夏に水着を着て海に行き、人目を気にせずに思いっきり楽しむ
・来月の商談会までにパンツスタイルをかっこよく着こなせるようになって、自信を持って商談に臨む
・次男の卒業式に４年前の長男のときと同じスーツを着て参列し、若々しいお母さんと言われる

このように**「締め切り＋なりたい姿＋願望」**で考えることで、楽しく、着実に目標達成ができるようになります。

ぜひ、ズボラくびれづくりを始める前に目標を立ててみてくださいね。

Chapter 02

今の自分の体を知る

筋膜癒着度チェック！

さて、ここまで読み進めてくださった方は、「私の筋膜は、体内でどれくらい癒着しているのかな？」と、気になっているのではないでしょうか。

筋膜の癒着度を知るために、左の表の中から当てはまるものすべてにチェックを入れてみましょう。

1つでも当てはまれば、あなたの筋膜は癒着している可能性が高いです。

チェックがつくほど、**あなたの体の肉は硬く、スムーズに動けていない**はずなので、ズボラくびれづくりのメソッドを行いつつ、同時に左のチェック表の生活習慣を少しずつ改善していくとよいでしょう。

筋膜のもとに戻ろうとする力は大きいので、普段の生活習慣の改善はとても大切です。

筋膜の癒着度チェック

- □ 猫背でスマートフォンやパソコンを見ることが多い
- □ いつも同じ側の肩や腕でバッグを持っている
- □ イスに座るときによく脚を組む
- □ 1日30分以上、同じ姿勢でいることが多い
- □ 1日30分以上、歩かない
- □ ハイヒールをよく履く
- □ キッチンで長時間料理をすることがある
- □ お酒をよく飲む
- □ 寝ているときに横向きになることが多い
- □ 深呼吸をすることがない
- □ 体が硬く、柔軟性がない
- □ 1日1回は必ずイライラする
- □ ストイックになりすぎてしまう

お腹タイプで確認！あなたは「何ポッコリ？」

ズボラくびれづくりの詳しい方法についてお話しする前に、まずはあなたの「お腹のタイプ」を知っておきましょう。

ズボラくびれづくりのメソッドは、ウエスト部分を1日1回するだけでももちろん効果があります。ただ、筋膜は全身を覆っているので、別の箇所もケアすることでウエストのくびれづくりはさらに加速します。

また、お腹のポッコリタイプによっては、まず「腕＆二の腕」の施術をしたほうが効果がある場合など、くびれづくりの近道は人によって、さまざまです。

ここでは、次の**6つのお腹のタイプ**に分けます。

・寸胴ポッコリ

・猫背ポッコリ
・便秘ポッコリ
・産後ポッコリ
・胸やせげっそり
・後ろ姿ぽっちゃり

48～53ページの「Check!」で当てはまるものにチェックを入れたら、一番チェックが多いタイプの「おすすめ施術」が、今のあなたに必要な施術です。

チェックの数が同じものがある場合は、それぞれの「おすすめ施術」を確認し、その中から好きなものを選びましょう。

もちろんタイプを気にせず、5つの施術の中から好きなものを選んでも構いません。すべてやってもOKです。

ただ、どの施術をするのがいいのかわからない、ある部位をしてみたけどうまくできないという場合は、ぜひ「おすすめ施術」を参考にしてみてください！

Aタイプ

寸胴ポッコリ

Check!

□ズボンの上からおなかがはみ出ている

□ウエストにくびれがまったくない

□体全体にメリハリがない

□お酒を飲む機会が多い

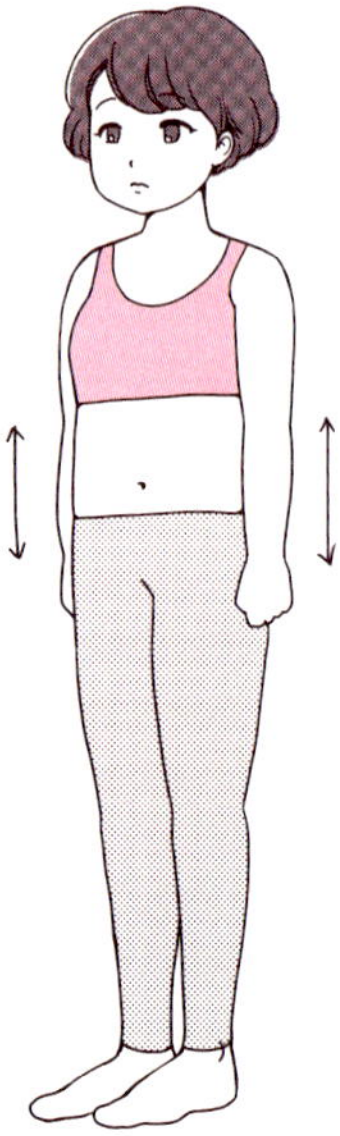

下半身の巡りが悪く、お腹まわりに老廃物や脂肪が多いタイプです。このタイプは、最初はウエストの施術がやりにくいかもしれません。

その場合は肩&二の腕、バスト、太ももから行うのがおすすめです。

✧おすすめ施術

肩&二の腕／バスト／太もも

Bタイプ

猫背ポッコリ

Check!

□猫背気味である

□デスクワーク、座り仕事が多い

□目が悪い

□寝ても寝てもだるさを感じる

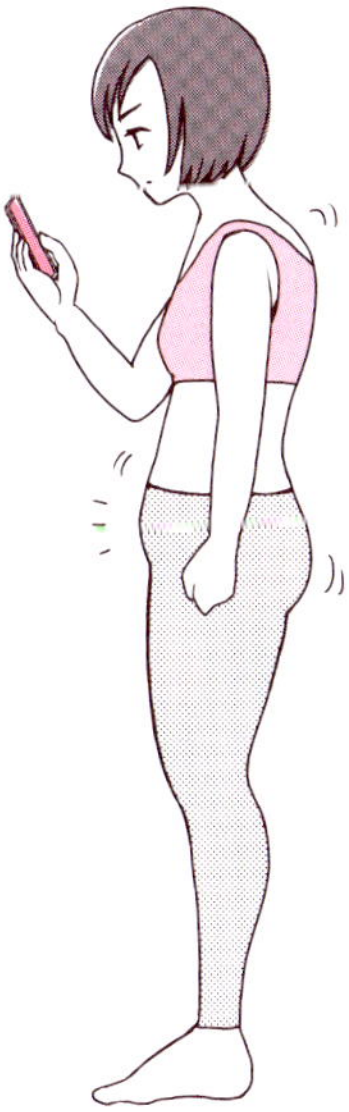

背中が丸まり、肋骨が閉じて、呼吸が浅くなっています。さらに骨盤の位置がズレて、反り腰になっている場合もあります。ウエストと肋骨まわりの施術を続けながら、普段から猫背になっていないか意識するとよりよいでしょう。

✧おすすめ施術
ウエスト／肋骨まわり

Cタイプ

便秘ポッコリ

Check!

□便秘気味である

□生活が不規則である

□常におなかに「張り」を感じる

□水分をあまりとらない

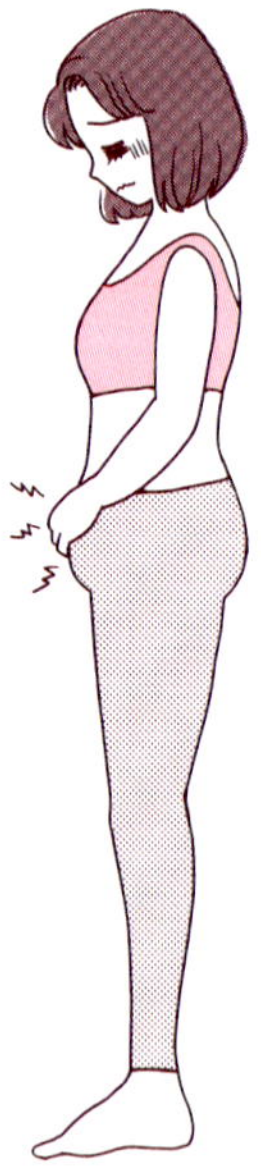

腸にたまった便が、お腹をポッコリふくらませています。そこに老廃物がたまり吸収され、ますます下腹部に皮下脂肪がついてしまっています。

ウエスト、肋骨まわり、バスト、太ももの施術と一緒に水分をとることも意識するとよいでしょう。

✧おすすめ施術

ウエスト／肋骨まわり／
バスト／太もも

Dタイプ

産後ポッコリ

Check!

- □出産後にお腹の脂肪がもとに戻らない
- □重い荷物を持つことが多い
- □子どもを抱きかかえることが多い
- □肩こりがひどい

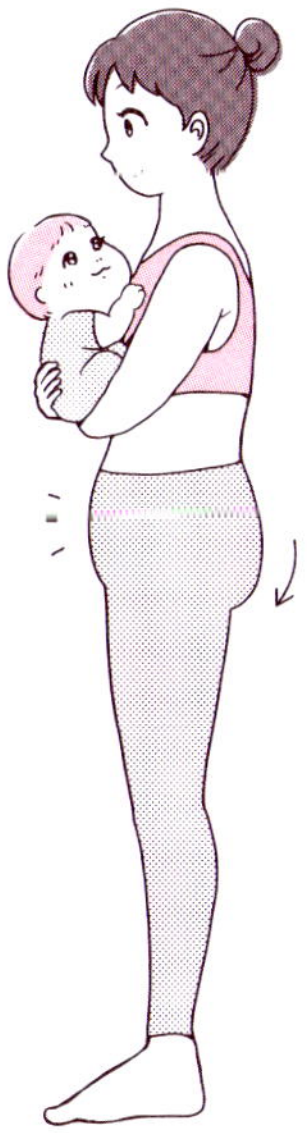

肩がどんどん内に入って、お腹が前に突き出てしまっている状態です。

ウエスト、肋骨まわり、肩＆二の腕、バストの施術を行うとともに、普段からお腹に力を入れて、姿勢に意識を向けるようにしましょう。

✢おすすめ施術
ウエスト／肋骨まわり／
肩＆二の腕／バスト

Eタイプ

胸やせげっそり

Check!

□年齢より老けて見られる

□鎖骨が浮いている

□よくスマートフォンを見る

□姿勢が悪い

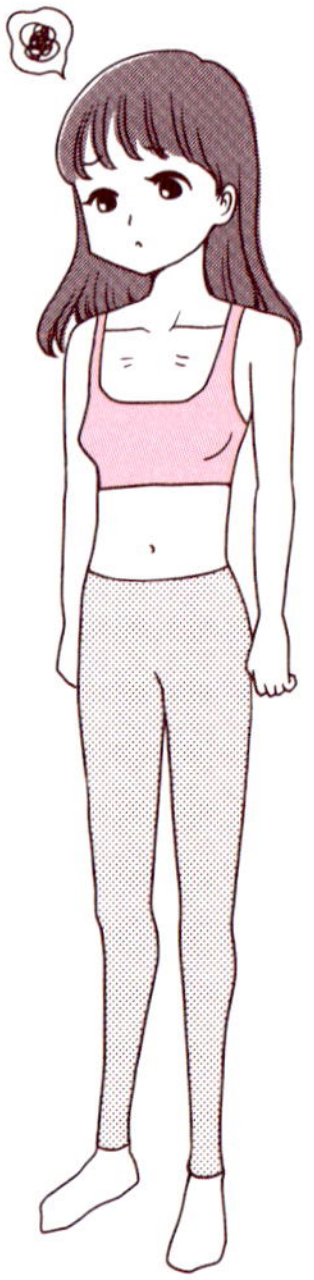

全体的にやせ型で、加齢に伴う皮膚のたるみも気になるタイプです。

このタイプの方は、肩＆二の腕とバストの施術がおすすめです。特に「ととのえる」の動作に力を入れるとよいでしょう。

✧おすすめ施術

肩＆二の腕／バスト

『40代からのズボラくびれづくり』読者限定

公式LINE登録で
書籍に載せられなかった
幻の内容をプレゼント

特典1

くびれを加速させる
アイテム一覧PDF

特典2

リフトアップや
ほうれい線対策で
お顔にもメリハリを!
顔くびれ
3ステップ動画

キーワード送信ですぐ受け取れます!

特典受け取り方法

1 上記QRコードからLINEに登録

2 ご登録後、『ズボラ』とメッセージ送信してください

3 特典が届きますのであなたのくびれづくりにお役立てください!

＊本キャンペーンは、予告なく終了する場合があります

Fタイプ

後ろ姿ぽっちゃり

Check!

□首が太い、もしくは顔が大きい

□脇から背中にかけて、もっこりとした肉がある

□パソコン作業が多い

□ブラジャーを後ろ手で付けられない

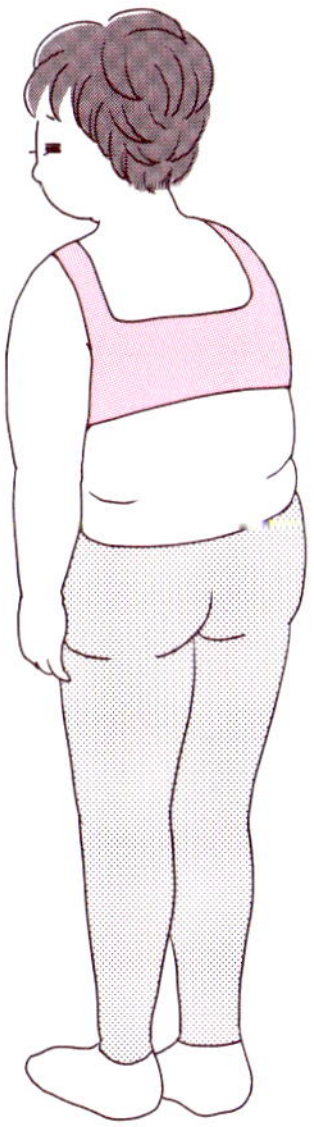

僧帽筋(55ページ参照)まわりのケアをすると、肩甲骨まわりが動かしやすくなります。

肩甲骨まわりには、やせる細胞といわれる「褐色脂肪細胞」が存在しています。肩＆二の腕、バストの施術が特に効果的です。

✧おすすめ施術

肩＆二の腕／バスト

ズボラくびれづくりで大切な筋肉と骨を知る

筋トレなどのトレーニングをするとき、「使っている筋肉を意識するといい」と聞いたことはありませんか？

この本で紹介しているのは、ハードなトレーニングではありませんが、体のつくりを知っておけば、理想の姿も思い描きやすく、また、かけたい部分にうまく圧をかけられるようになります。

左ページで、ズボラくびれづくりをするときに知っておいたほうがいい筋肉と骨の位置を紹介しています。

位置を覚えて、ズボラくびれづくりをするときに、しっかり意識してみてください。

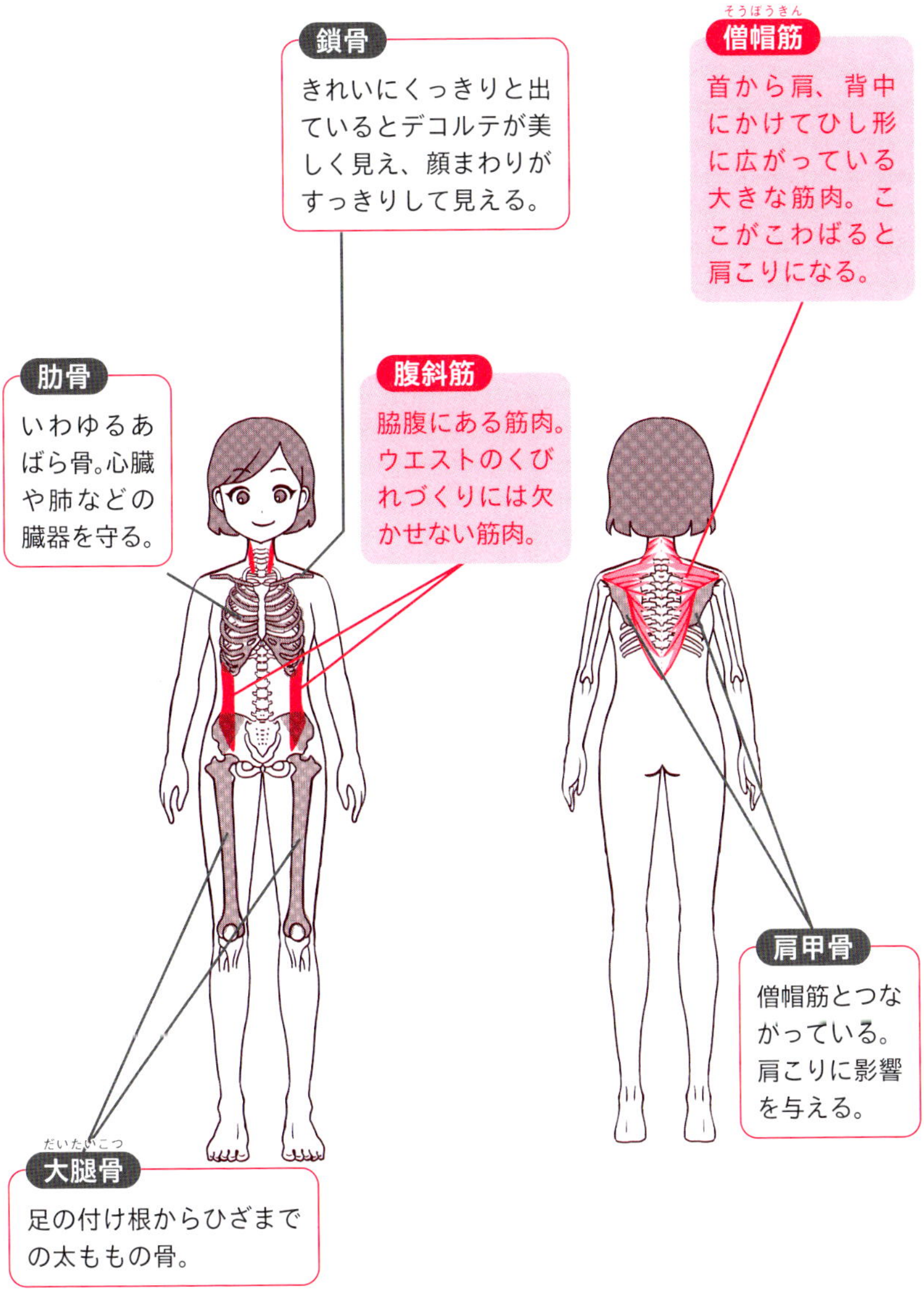
鎖骨
きれいにくっきりと出ているとデコルテが美しく見え、顔まわりがすっきりして見える。
僧帽筋《そうぼうきん》
首から肩、背中にかけてひし形に広がっている大きな筋肉。ここがこわばると肩こりになる。
肋骨
いわゆるあばら骨。心臓や肺などの臓器を守る。
腹斜筋
脇腹にある筋肉。ウエストのくびれづくりには欠かせない筋肉。
肩甲骨
僧帽筋とつながっている。肩こりに影響を与える。
大腿骨《だいたいこつ》
足の付け根からひざまでの太ももの骨。

あなたの「手」ほど優秀な道具はない

肩こりや腰痛の改善が目的の筋膜リリースであれば、つかんで、ひっぱるだけでも効果があります。

しかし、この本の目的は、**きれいなボディラインのためのくびれをつくること**。そのため、中でも「ととのえる」動作が特に重要になります。

エステでより繊細な施術を求めるお客様は、マシンよりもオールハンドを好まれます。これは人の手の温度によるリラックス効果があるのと、当日の肌や体の状態をエステティシャンが察知して細かく微調整してくれる点に満足を感じるからです。

ズボラくびれづくりは、オールハンドで行います。

自分自身の手だからこそ、ベストな力加減で細やかに調整できます。

また「手」であれば、さまざまな箇所に丸みがある女性の複雑で繊細な体の輪郭に、なめらかに沿わせることができます。

体の肉を動かして、それをさらに好きな形にととのえてキープするには、きめ細やかな力加減と自由自在に形を変えることができる人間の「手」が最適な道具なのです。

それだけでなく、手のセンサーは、体温、乾燥、やわらかさといった日々の体の変化をきちんと感知します。

「今日はここが硬いな……。あ、あの姿勢のせいだ」
「肌が冷たく感じるのは、食事のバランスがよくなかったからかな？」
そんなふうに自分の体の変化から、自然と直すべき生活習慣がわかるようになります。
施術をするときは、ぜひ自分の体に意識を向けながら体をさわりましょう。

COLUMN
2

理想の水分量

ズボラくびれづくりをやっている期間は、必ず水をこまめに飲むようにしましょう。

実感がないと思いますが、ズボラくびれづくりをやっていると体の中で老廃物が流れやすくなります。そのため、**水を飲むことで、便通が格段によくなります。**

１年間のズボラくびれづくりで体重が10kg近く減った方に、「生活で一番変わったことは何ですか？」と聞いたところ、「水をたくさん飲むようになり便通がよくなった」と教えてくれました。

よく「健康のために１日２ℓ水を飲もう」といわれますが、実は体重によって理想の水分量は変わります。

目安は、【体重(kg)×30ml】です。

例えば、50kgの人の場合、50kg×30ml＝1.5ℓとなります。

水を正しくとることで体の老廃物が排出されるだけでなく、代謝アップや便秘改善にも効果的です。

ただし、**緑茶やコーヒーなどのカフェインを含む飲み物は利尿作用があるため、“水”にはカウントしない**よう注意しましょう。

せっかくズボラくびれづくりをやるのであれば、水分もしっかりとって、ズボラにきれいになりましょう！

Chapter 03

実践！
ズボラくびれづくりの
方法

ボディクリームの選び方

ズボラくびれづくりでは、一部のステップでボディクリームを使うことをおすすめしています。

すべりがよくなり、肌に負荷をかけずにボディラインをととのえやすくなるためです。ボディクリームに指定はなく、すべりがよくなれば、お持ちのローションやジェル、またはオイルなど、**どんなものでもOK**です。

お悩みに合わせて、保湿に特化したボディクリーム、カプサイシン入りなどの痩身クリーム、ホホバオイルなどでもいいでしょう。

もし痩身クリームを使用するのであれば、せっかくなので途中からではなく、最初から塗っておきましょう。

最近では、筋膜リリースの効果を高めるというクリームも発売されています。そういったものも、最初に塗るのが効果的です。

お腹まわりにクリームを塗るときには、ひらがなの「の」の字を書くように、少し力を入れて押しながら塗ると、腸のマッサージもできて一石二鳥です。

これだけでも、次の日の便通がよくなります。

無駄なものを体内にためないことも、くびれへの一歩です。

それでは、ズボラくびれづくりの詳しいやり方について、解説していきましょう。

ズボラくびれづくりの基本

実践に入る前に、ズボラくびれづくりの基本を確認しておきましょう。

ケアするパーツごとに多少異なりますが、共通して意識しておきたいことは次のとおりです。

肉のつかみ方

指で体の肉をつかむとき、注意したいのは次の2点です。

・皮膚の表面ではなく、肉の奥をつかむようにする

実際にズボラくびれづくりを実践すると、「筋膜だけをどうやってつかめばいいの？」と皆さん悩まれます。

しかし、筋膜だけをピンポイントでつかむのは不可能です。皮膚の表面ではなく、奥にある筋肉をつかむ感覚で行うと、自然と筋膜もつかむことができます。肉の奥をつかむイメージでしっかりつかみましょう。

・指が痛くならない強さが目安

ズボラくびれづくりを実践して、多くの人が最初につまずくのが、「指が痛くなる」ことです。指が痛い場合は、力が入りすぎです。

指が痛くならないくらいの力を目安にしましょう。

基本の圧のかけ方

ズボラくびれづくりでは、指や手のひらで圧をかけるときがあります。

そのときは次の2点を意識するようにしましょう。

・圧をかけるときは、常に同じ強さを意識する

肉を流しながら圧をかけるときなど、力が抜けてしまうことがあります。圧が常に同じ強さでかかるよう意識しましょう。

・しっかり、ゆっくりと圧をかけ続ける

指圧ではないので、ピンポイントで「この点を押さなくてはいけない」ということはありません。ざっくり「このあたり」でも大丈夫です。

ただし、しっかり、ゆっくりと圧をかけることを意識しましょう。

セルフケアの最大のメリットは、その瞬間の自分の体にぴったりのケアができることです。

人の体は毎日、少しずつ変化します。

重い物を持つことが多かった日、立ちっぱなしだった日、それに生理前後など、体のバイオリズムでも凝りやゆがみのある場所は変わります。

だからこそ、自分の手でさわって、体のちょっとした変化を感じとることが大事なのです。

次のページから、**「ウエスト」「肋骨まわり」「肩&二の腕」「バスト」「太もも」の5つの部位**のメソッドを紹介します。

どれか1つだけをやってもいいですし、2つ以上をやってもOKです。
46ページでご紹介したお腹タイプ別「おすすめ施術」から選んでもいいでしょう。
どれを選んだとしても、1日1回、毎日続けることを意識してください。

それでは早速、ズボラくびれづくりの詳しいやり方についてご紹介していきます！

5つのズボラくびれづくりの
やり方を動画で確認できます！

二次元コードを読み取って、
スマートフォンや
タブレットでチェック！

ズボラくびれづくり1

ウエスト

くびれをつくる基本のメソッドです。
立ってやってもOKですが、
肉が硬くてつかみにくい人は
横になってやるのがおすすめです

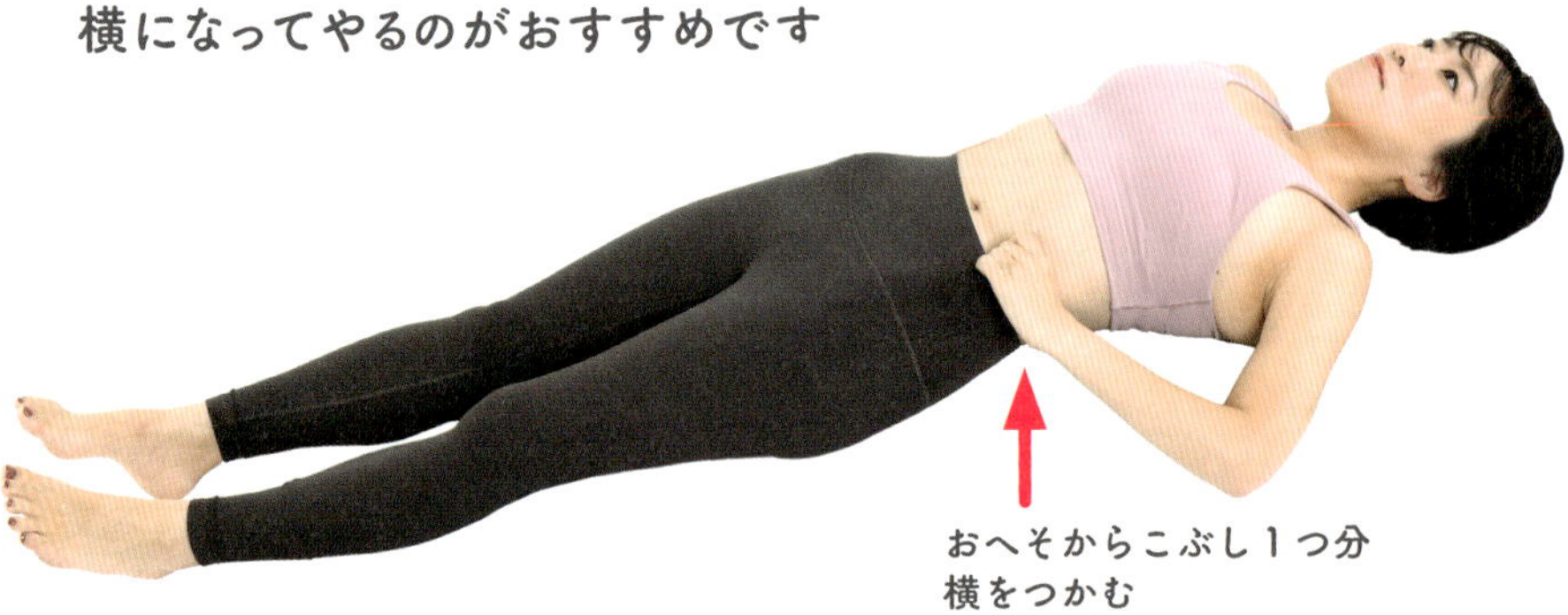

おへそからこぶし1つ分
横をつかむ

POINT

寝転がったら、足は楽にしてOK！　やりやすい体勢で行いましょう。

1

仰向けに横になったら、左手の親指と4本の指で左の脇腹をつかみます。

2

つかんだ肉を、ゆっくりと10秒かけて、真横にひっぱります。

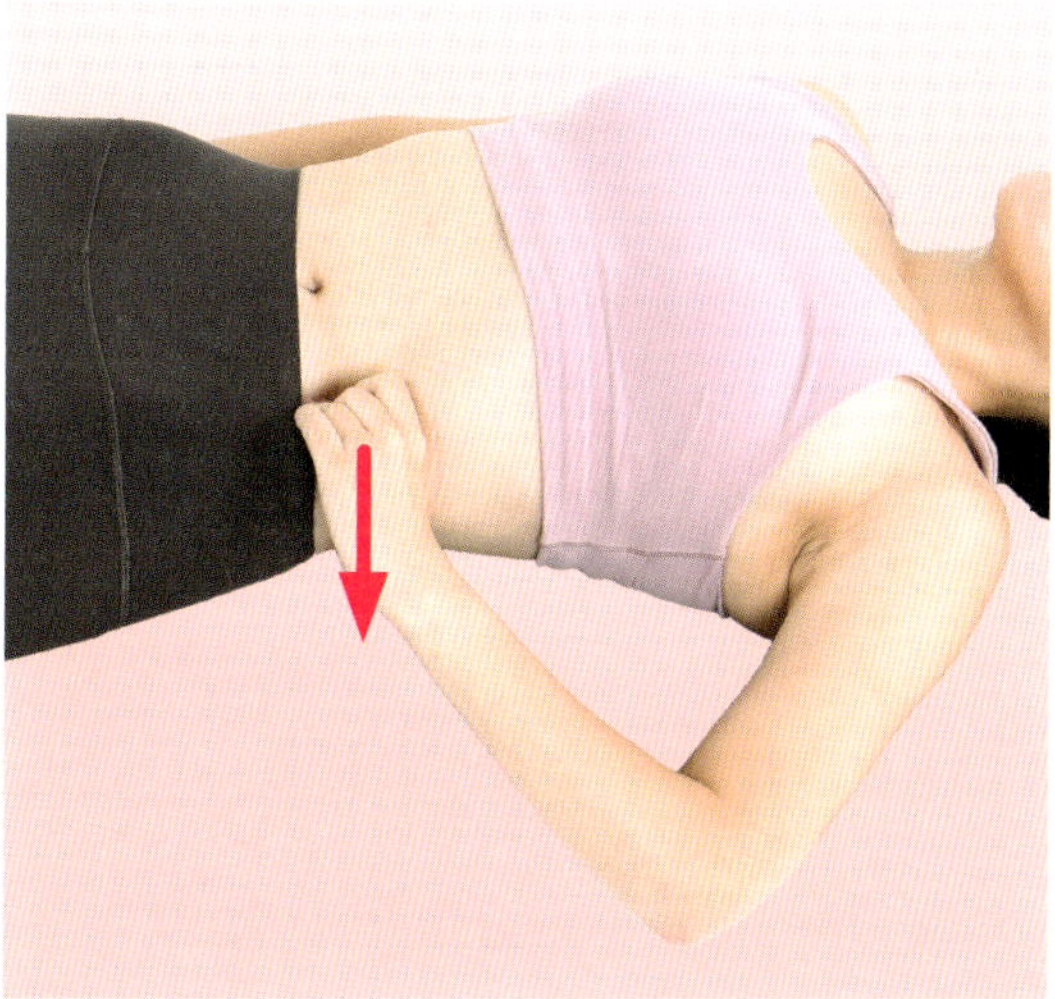

POINT

親指が痛くなるようであれば力が入りすぎなので注意！

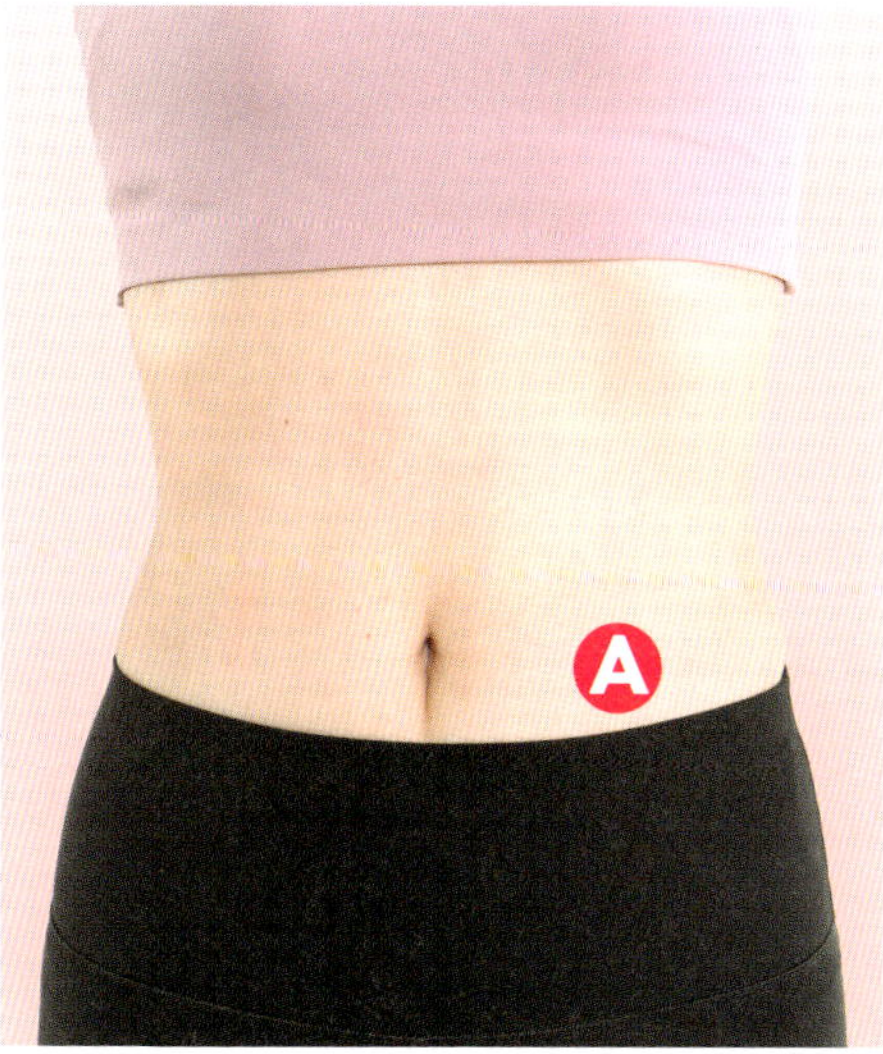

3

❶でつかんだ位置（写真のⒶ）から、少し上をつかんで、同じように10秒間ひっぱります。続けてⒶの下のほうをつかんで10秒ひっぱります。❶～❸を計3回行いましょう。

右側も同じように❶～❸を行います。

4

左のウエストの肉を背中からおへそのほうに移動させるイメージで、軽く圧をかけながら両手を交互にすべらせます。計20回行いましょう。

POINT

途中、すべりが悪くなったら、ボディクリームはその都度、足してOK。左ひざを立てて、おしりの左側を少し浮かせるとやりやすいです。

事前にボディクリームをたっぷり塗りましょう！

5

左のウエストの肉を背中から胸に移動させるイメージで、下から上に向かって、軽く圧をかけながら両手を交互にすべらせます。計20回行いましょう。

POINT

右手で肉を移動させ、こぼれた肉を左手ですくうようなイメージ！

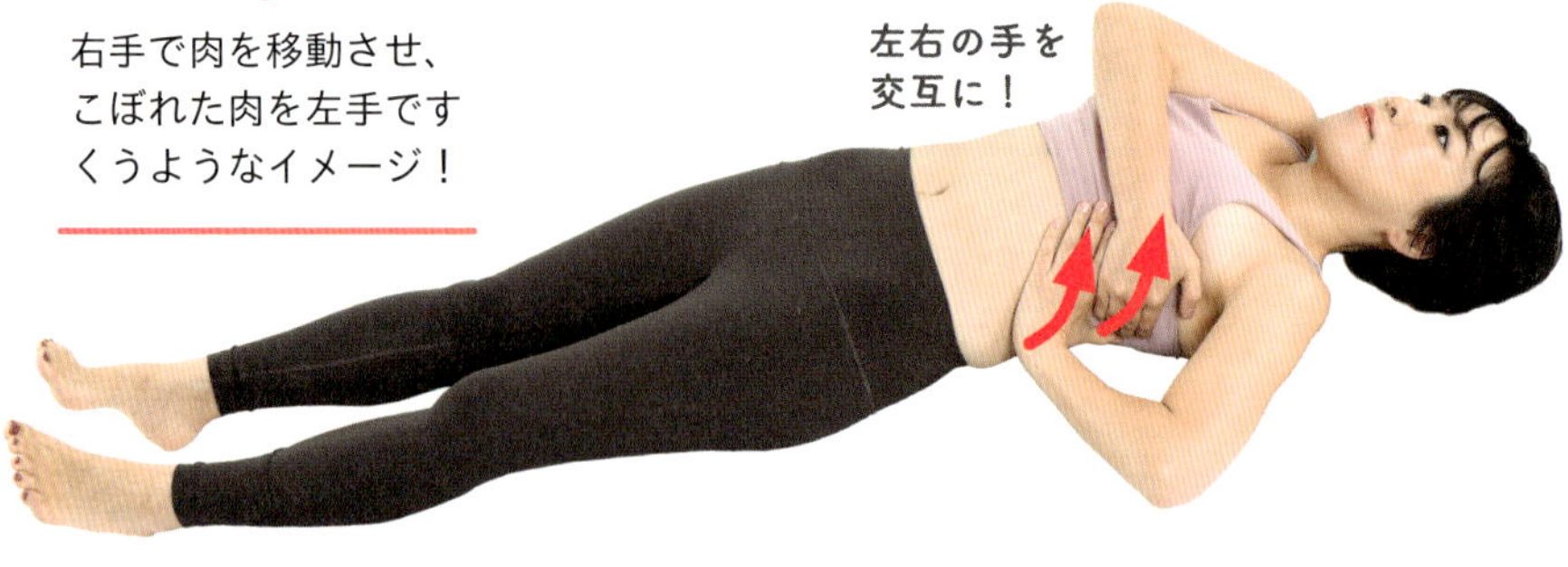

6

左手の親指がおへそ側、４本の指が背中側に来るよう左の脇腹に手を添えて、腹斜筋に沿って上から下へと、肉を流すイメージで圧をかけながら手をすべらせます。計10回行いましょう。

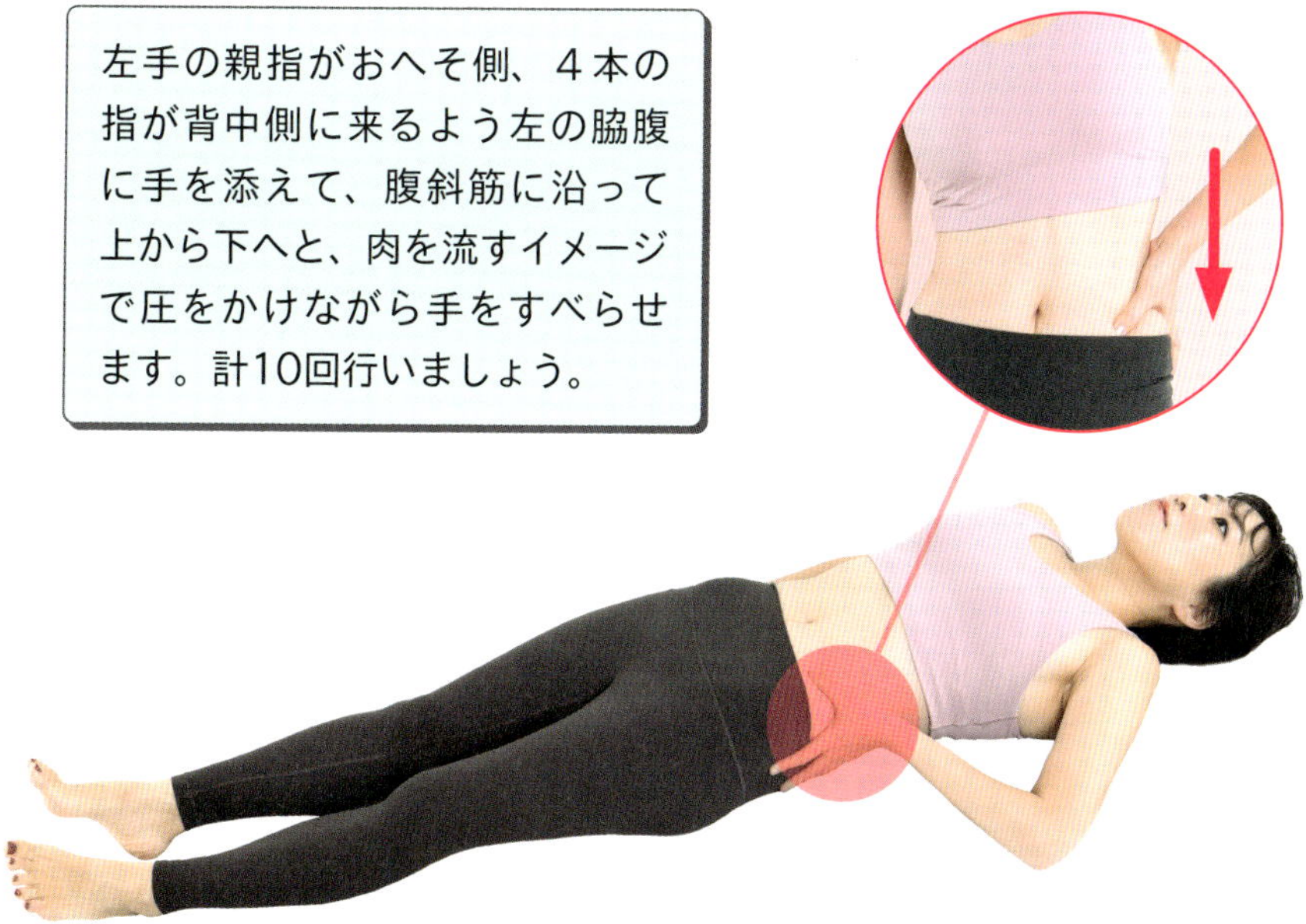

右側も同じように❹～❻を行います。

立ったままやってもOK!

立って行う場合も、
やり方はすべて同じです。

ズボラくびれづくり2

肋骨まわり

肋骨がスムーズに動くようになると呼吸が深くなり、
代謝が上がります。
肋骨まわりは、ズボラくびれづくり1のウエストとセットで行うと、
より効果が出やすいです。

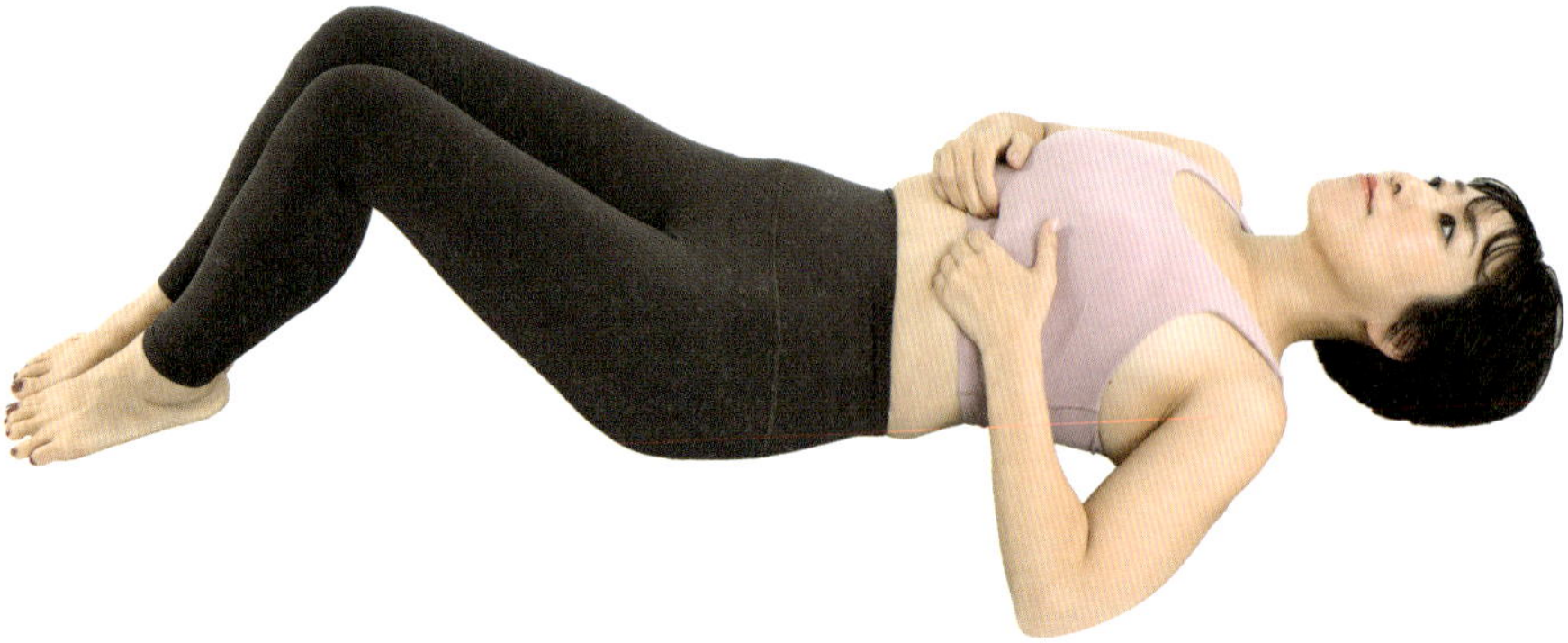

1

両ひざを立てて仰向けに横になったら、鼻から息を吸い込みながら両手の親指以外の4本の指を、肋骨の内側に入れ込みます。そして、5秒ほどかけて口から息を吐きながら、指を中に入れ込みます。

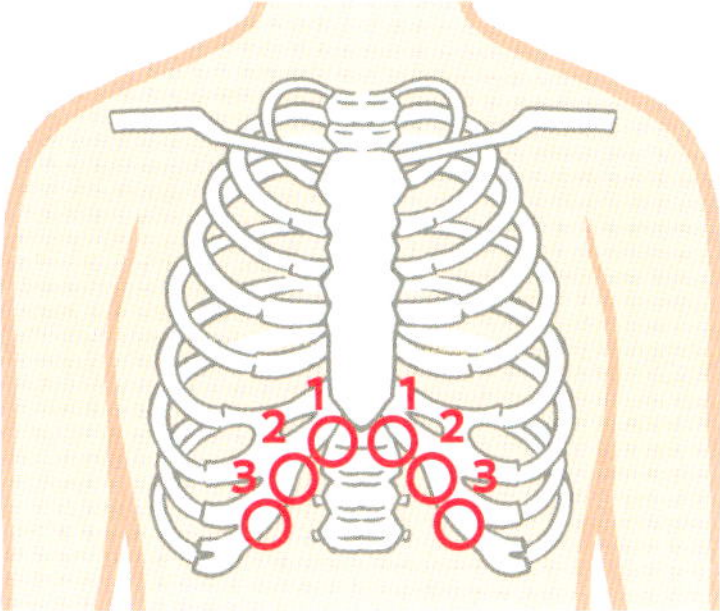

2

イラストを参考に指を❷、❸へと外側へずらしながら❶と同じ動作を行います。計３回行いましょう。

3

肋骨を両手で包み込んだら、３秒かけて鼻から大きく息を吸います。続けて、両手で肋骨を締めながら、５秒かけて口から息を吐きます。計３回行いましょう。

立ったままやってもOK!

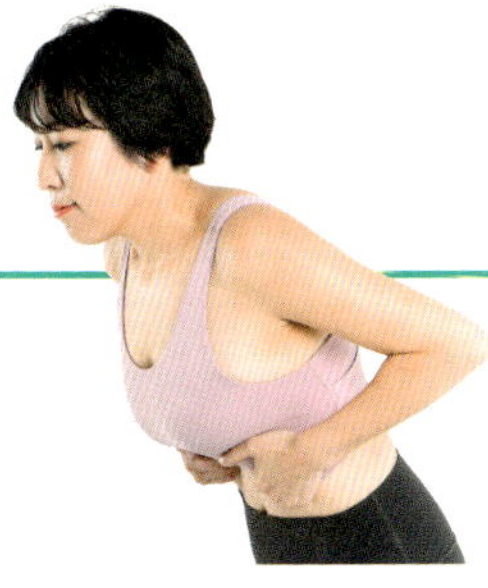

立って行う場合は、❶～❷で肋骨の内側に指を入れ込むとき、お辞儀をするようにして圧をかけると、指をより深く奥まで入れ込むことができます。

ズボラくびれづくり3

肩&二の腕

肩まわりの僧帽筋は、首から背中までつながる筋肉です。
ここが固まると肩こりや顔のたるみの原因に。
この施術は、小顔効果も期待できます。

1

イスに座ってテーブルに右のひじをついたら、左側の首の付け根を、親指と4本の指でつかみ10秒キープします。

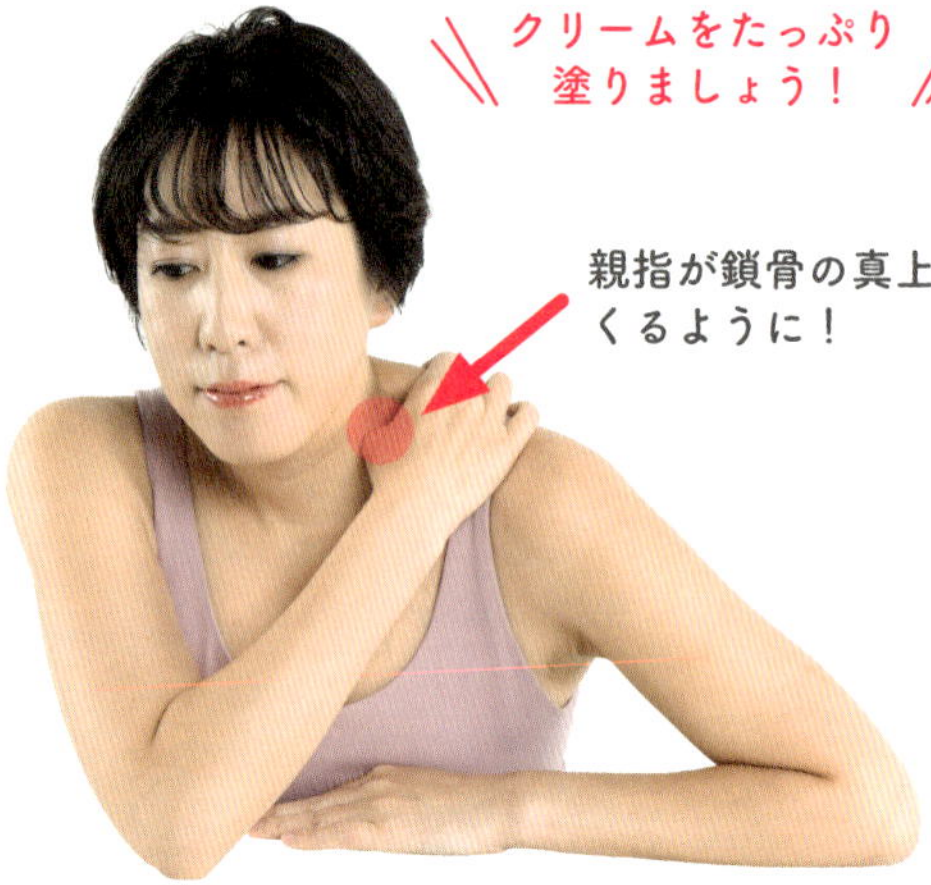

事前にボディクリームをたっぷり塗りましょう!
親指が鎖骨の真上にくるように!

POINT

前傾姿勢でやると、自然と圧がかかります。

2

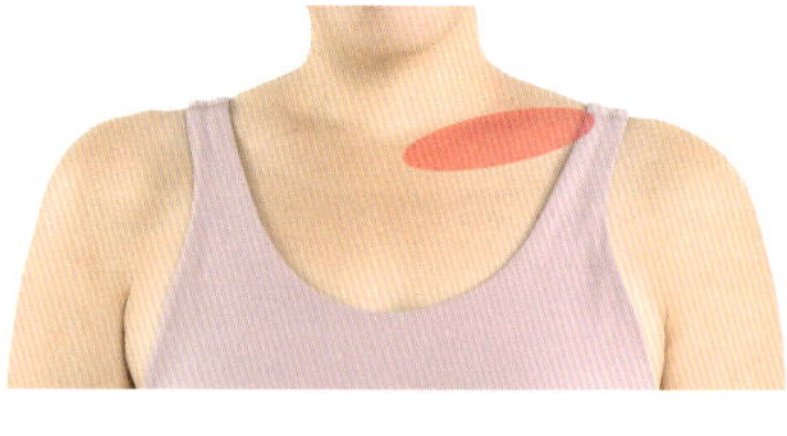

指を外側に少しずらして、同じように圧をかけて10秒キープします。肩先までいったら、再度もとの位置に戻り同じ動作を行います。計2回行いましょう。

3

左肩の首側に右手を置いたら、親指以外の４本の指で背中から前に向けて肉を移動させるイメージで圧を軽くかけながら手をすべらせます。右手を少し外側にずらしたら、同じように手をすべらせます。肩先まで行います。計２回行いましょう。

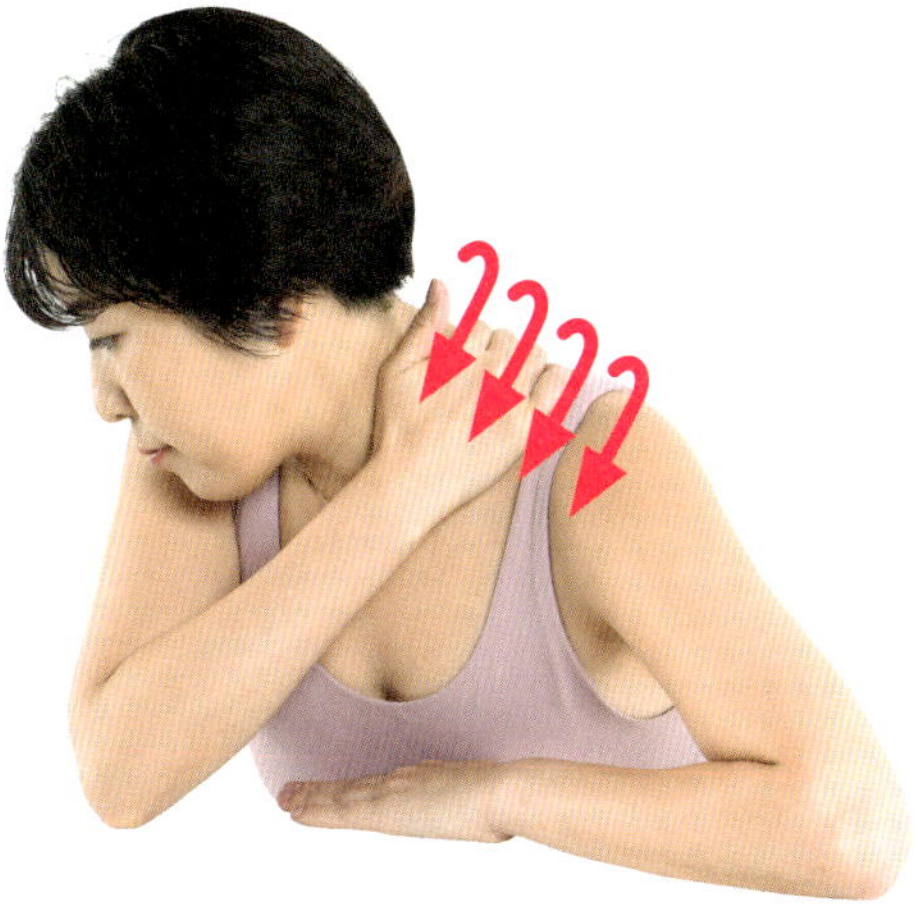

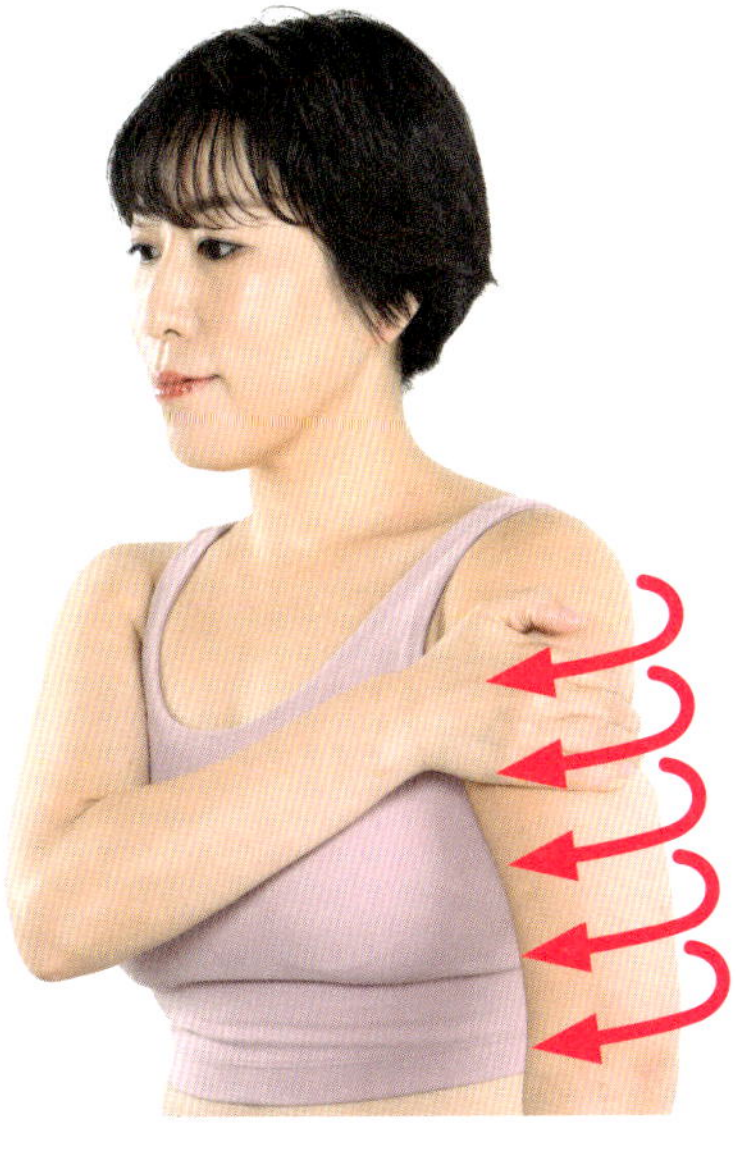

事前にボディクリームをたっぷり塗りましょう！

4

左の二の腕の上部に、親指以外の４本の指を添えます。二の腕の後ろから前に向けて肉を移動させるイメージで、圧を軽くかけながら４本の指をすべらせます。右手を少しずつ下にずらしながらひじまで同じように行います。計２回行いましょう。

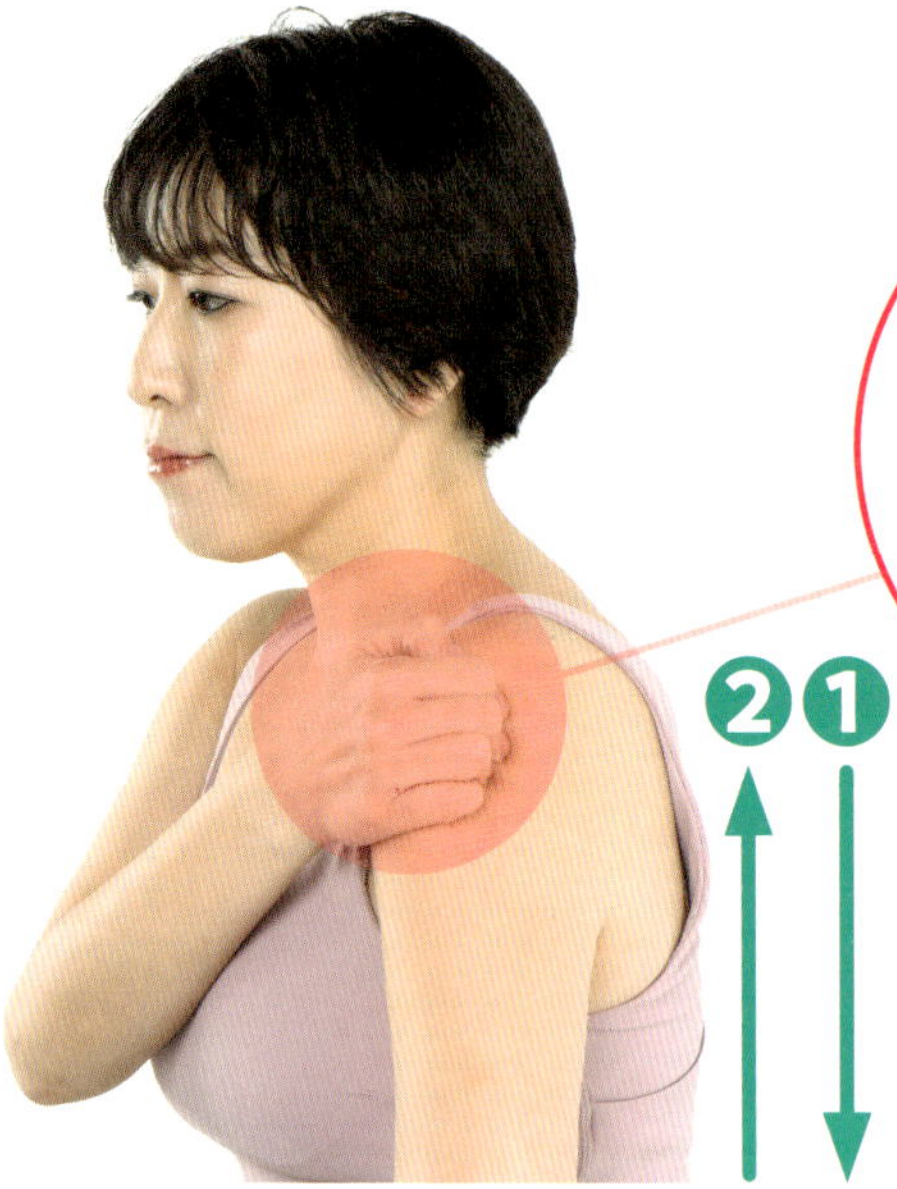

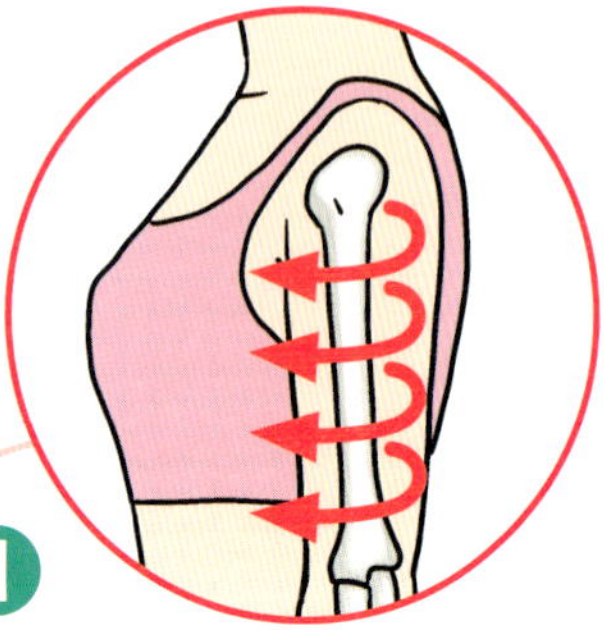

5

右手の親指以外の４本の指を、左の二の腕の中央にある骨の外側に置き、骨の内側まで肉をひっぱるようにもってきます。右手を少しずつ下にずらしながら、ひじまで同じように行います。肩～ひじの間を往復しましょう。

POINT

最初は硬いかもしれませんが、繰り返すうちにひっぱりやすくなるので、ゆるんだなと感じるまで好きなだけ往復してOKです。

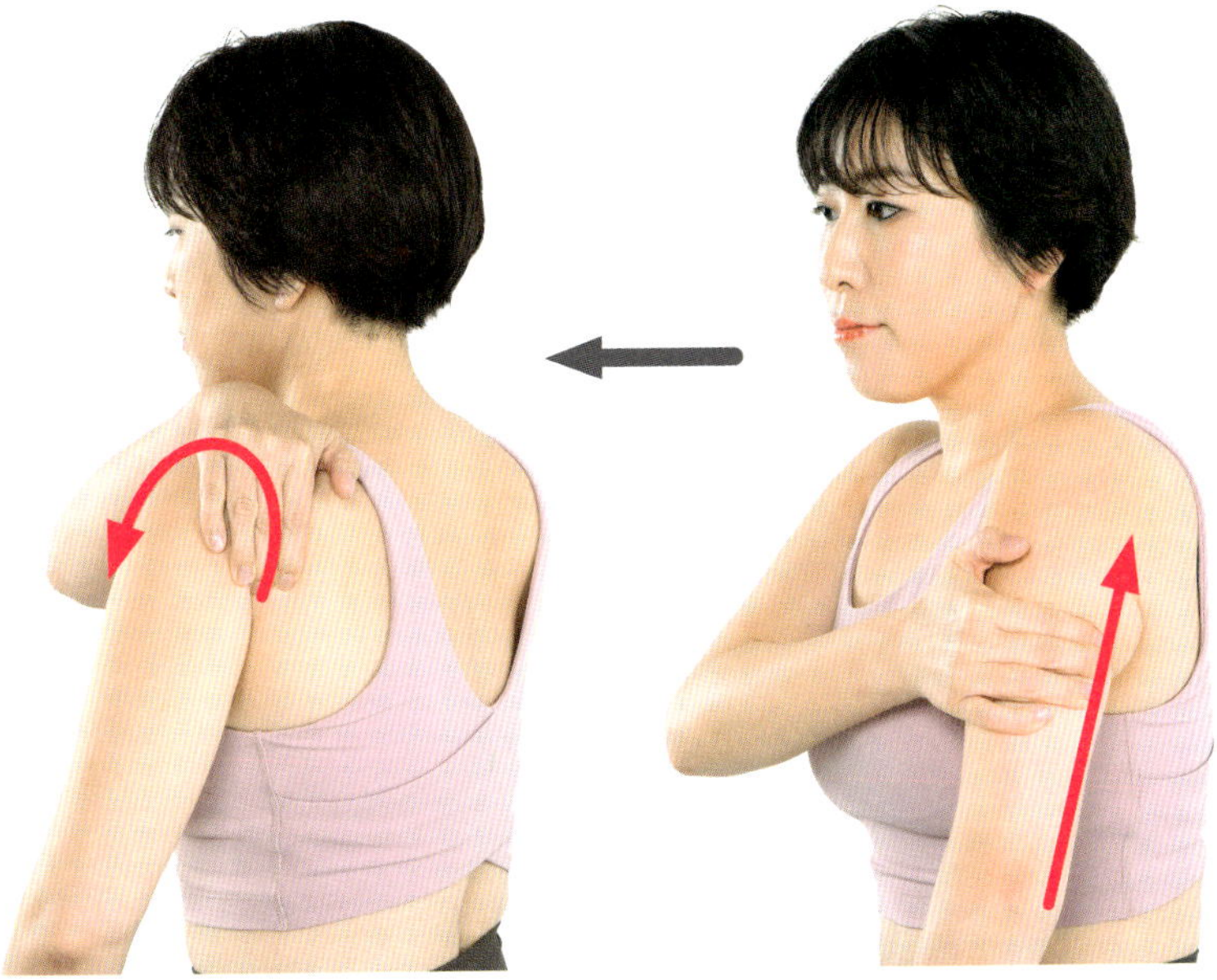

6

右手を、左のひじの裏側から二の腕の裏側へすべらせます。このとき、手のひら全体で肉を上に移動させるイメージで圧を軽くかけながら手をすべらせます。肩まできたら、背中から肉を前に移動させるイメージで手を鎖骨のほうにすべらせて、最後は脇の下にすべらせます。計5回行いましょう。

POINT

ひじの裏→二の腕の裏→背中→肩を通って脇の下にもっていくことを意識しましょう。

右側も同じように❶〜❻を行います。

ズボラくびれづくり４

バスト

バストは、他の部位と少し異なり、ボリュームを出すことを目指します。
バストアップすれば、その分、ウエストもくびれて見えます。
やせていてくびれのない人や、お腹の肉が硬すぎて
つかめない人は、バストアップから始めるとよいでしょう。
これ以上バストを大きくしたくない人もＯＫ！
バストの形が整うとよりキレイなくびれをつくることができます。

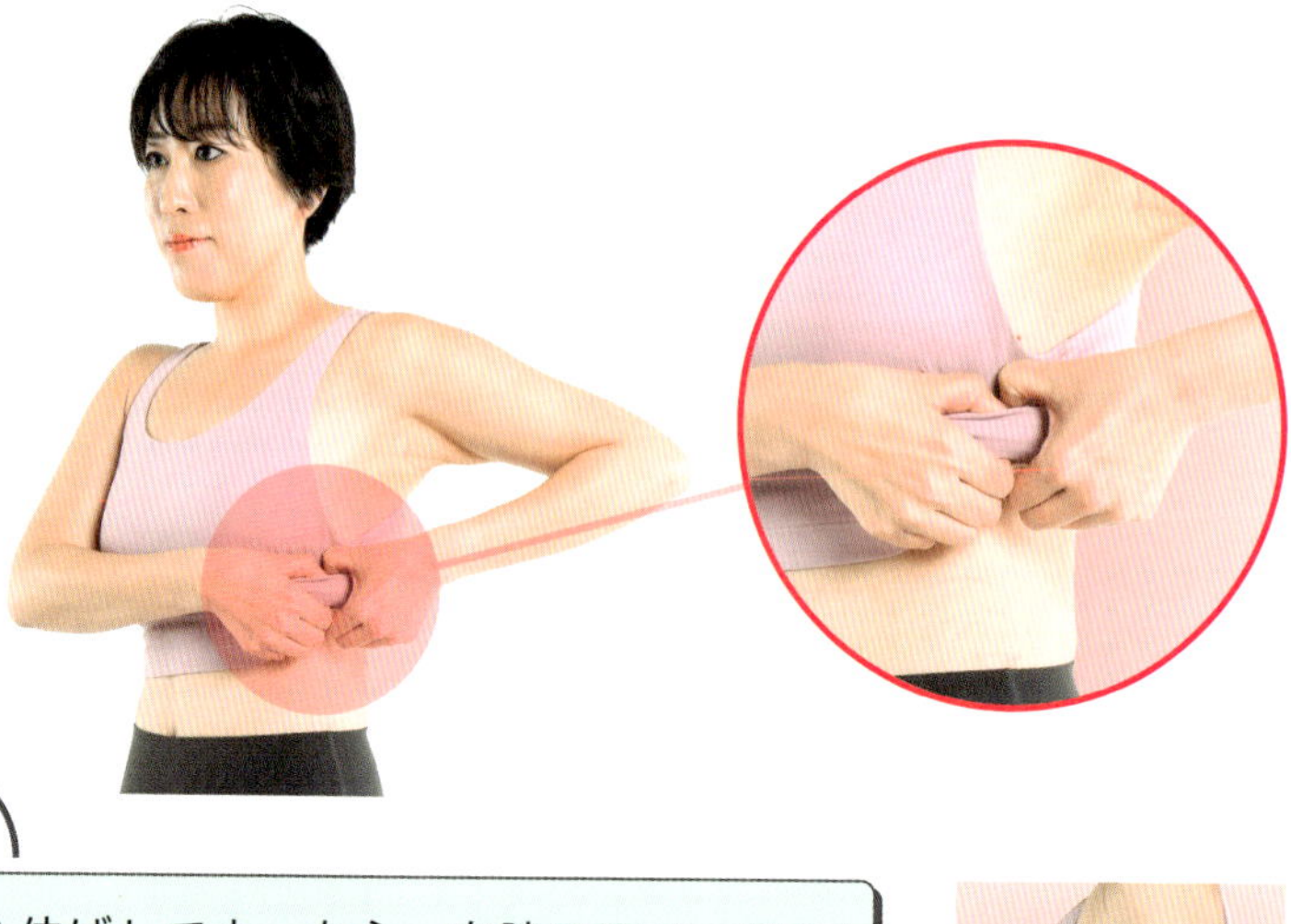

1

背筋を伸ばして立ったら、左脇の下の、アンダーバストの位置の肉を両手でつかみ、骨から肉をひきはがすようなイメージで、３秒ほどひっぱります。最初につかんだ位置を中心に前後にずらして計３カ所を３回ずつひっぱります。

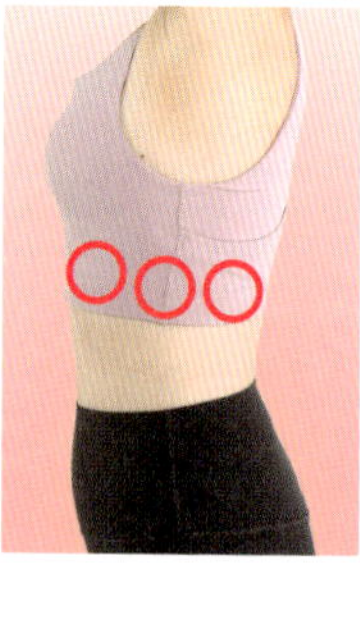

2

左脇の後ろ側から前に肉を移動させるイメージで、両手を交互にすべらせます。計10回行いましょう。

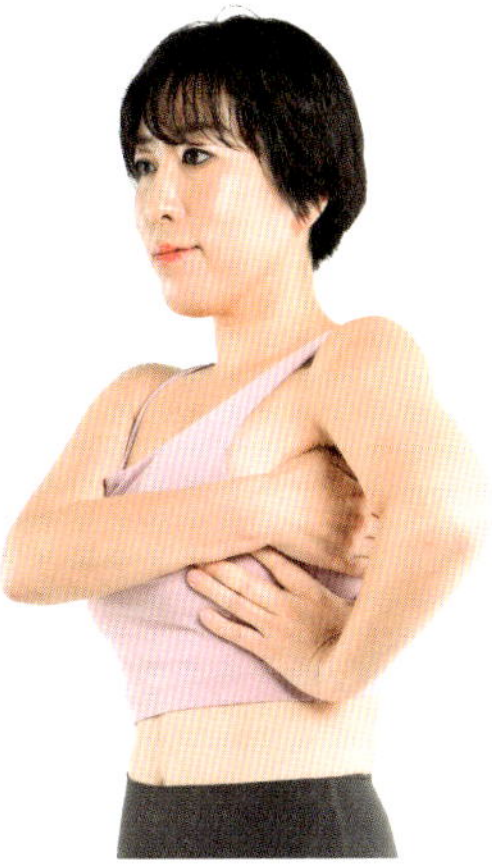

右側も同じように❶～❷を行います。

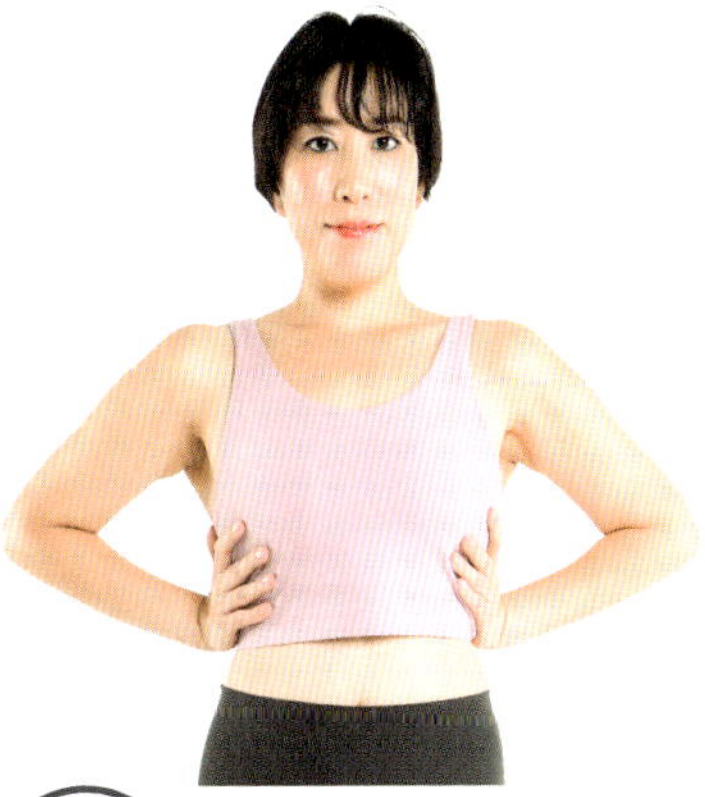

3

両手で肋骨を包み込み、手のひらで体の中心に向けて５秒間圧迫します。計２回行いましょう。

4

両手を置いたまま、鼻からゆっくり息を吸って肋骨を広げ、口からゆっくり息を吐きながら両手で肋骨を締めます。計３回行いましょう。

ズボラくびれづくり5

太もも

腰や内臓につながっている太ももの筋膜がゆるむと、
代謝が上がり、内臓の位置も上がって
ウエストにくびれが出やすくなります。
ひざにかけてのラインもくびれて脚がキレイに見えます。

POINT

手は蝶の形！

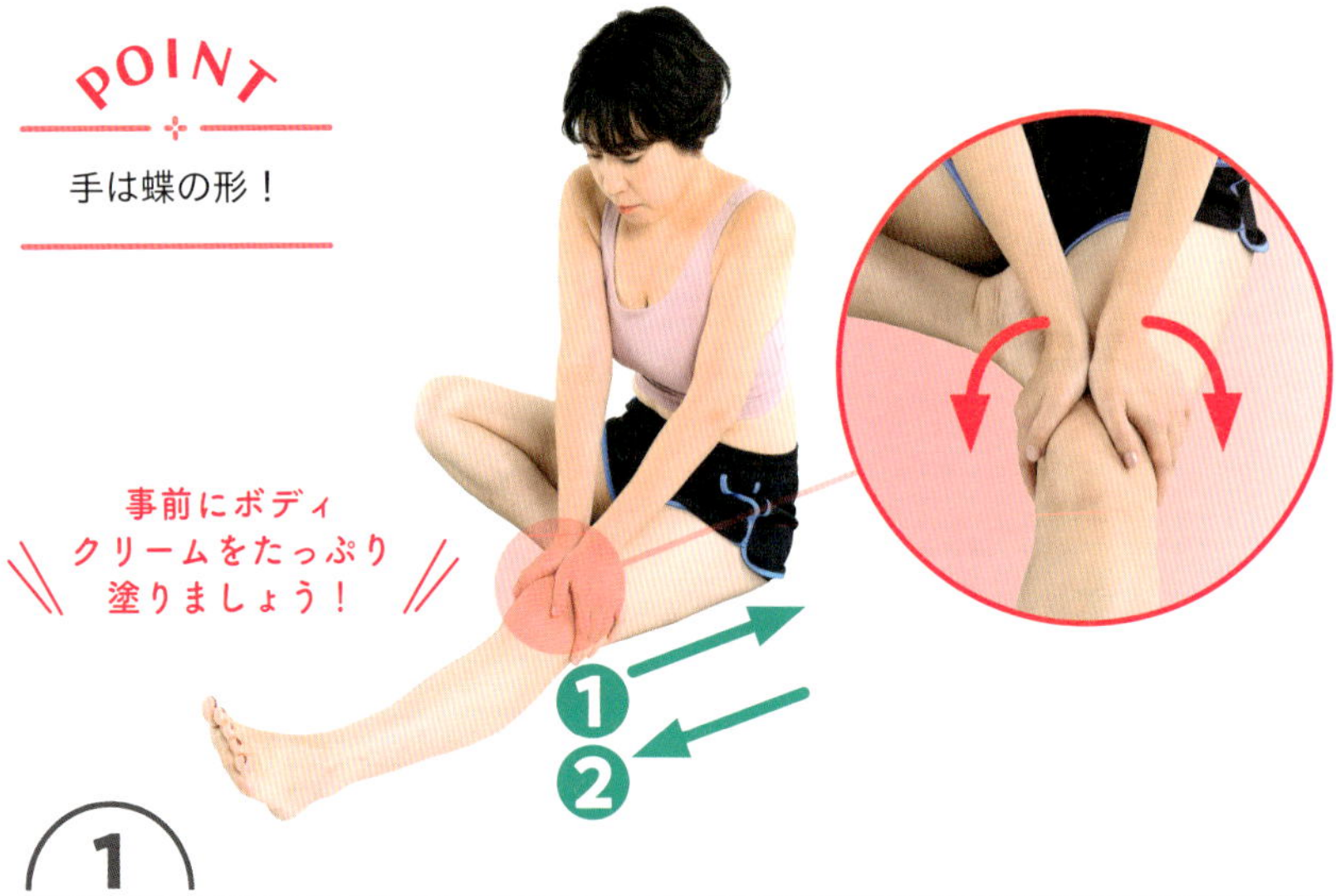
事前にボディ
クリームをたっぷり
塗りましょう！
1
2

1

ひざの少し上に両手の指を外側に向けて置いたら、手のひらに体重をかけ、足の中央の骨から筋肉をはがすイメージで、上から下に手をすべらせます。鼠径部に向かって少しずつ手の位置をずらしながら、同様に行います。鼠径部まできたら、ひざに向かって戻りながら同様に行いましょう。

2

左足のひざを90度に曲げて内側に倒したら、左手の手のひらで、左足の骨から筋肉をはがすイメージで、上から下に手をすべらせます。少しずつ手の位置を鼠径部側にずらしながら、同様に上から下に手をすべらせます。ひざ〜鼠径部の間を往復しましょう。

POINT

骨から筋肉をはがすイメージで、手のひらに体重をかけながら行います。

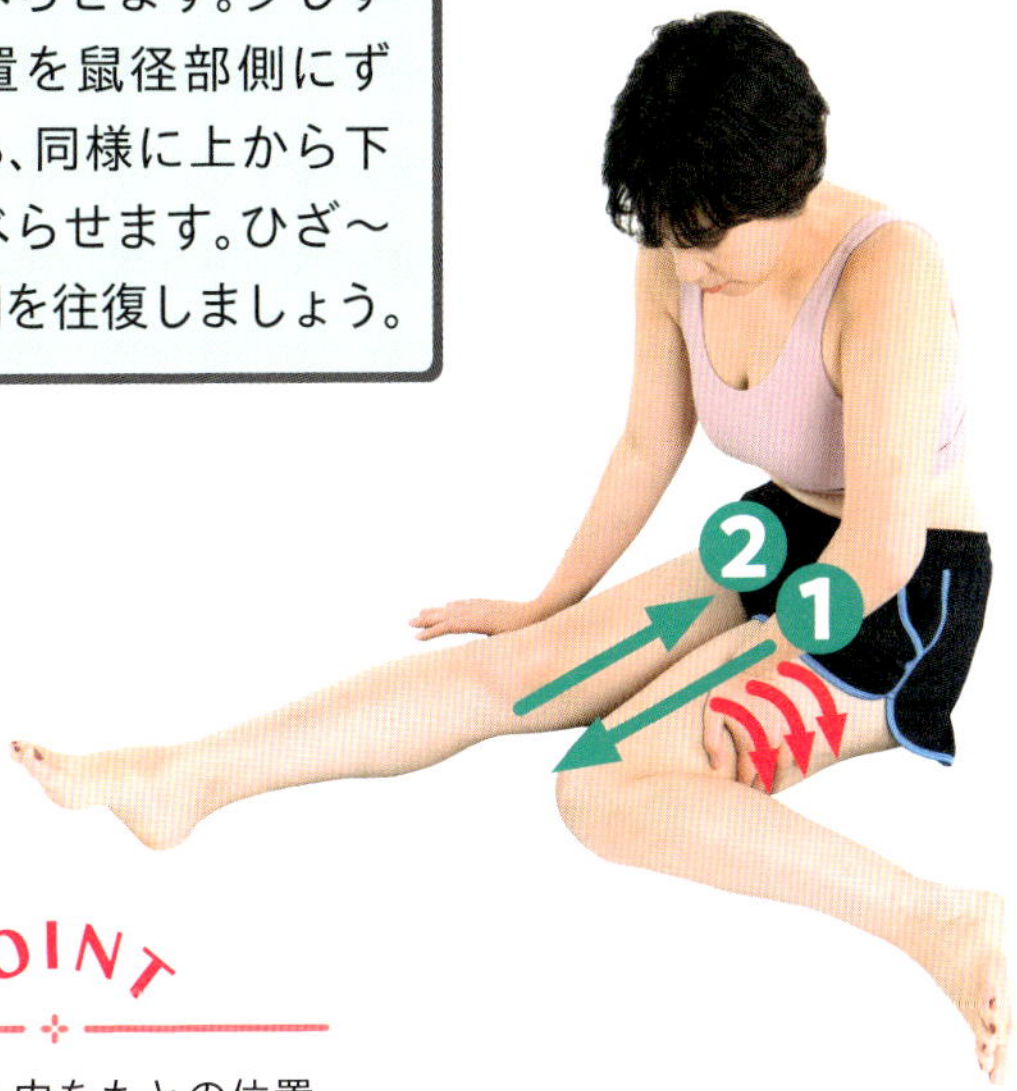

POINT

移動させた肉をもとの位置に戻すイメージ！

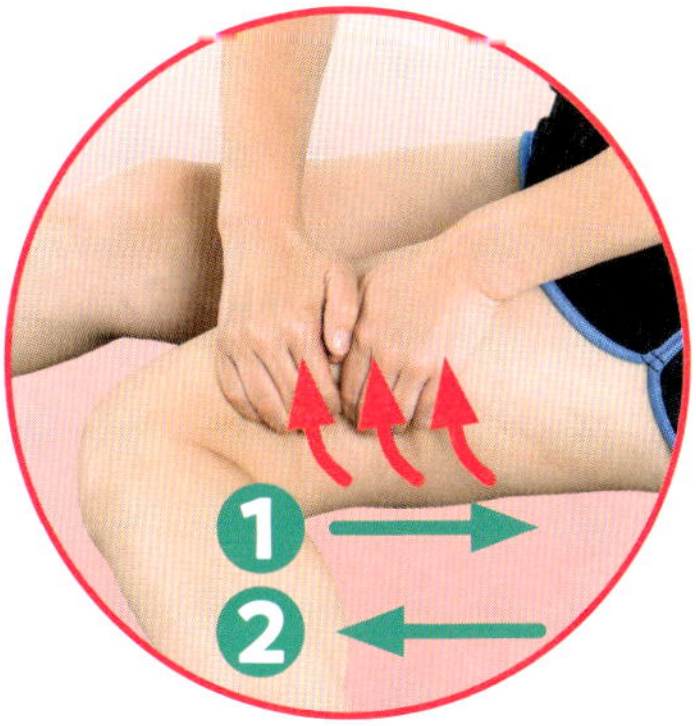

3

両手の4本の指で、左足の太ももの外側の肉をつかみ、肉を内側に移動させるイメージでひっぱります。ひざ側から鼠径部側に向かって少しずつ手の位置をずらしながら、同様にひっぱります。ひざ〜鼠径部の間を往復しましょう。

4

両足を伸ばし、両手の4本の指で交互に内ももを、ひざから鼠径部に向かって10回ほどさすり上げ、最後は鼠径部の際まできたら、太ももの前を通って外側に流します。計3回行いましょう。

5

同様に太ももの外側を、両手の4本の指で交互にひざから鼠径部に向かって10回ほどさすり上げ、最後は鼠径部の際まできたら、太ももの前を通って内側に流します。計3回行いましょう。

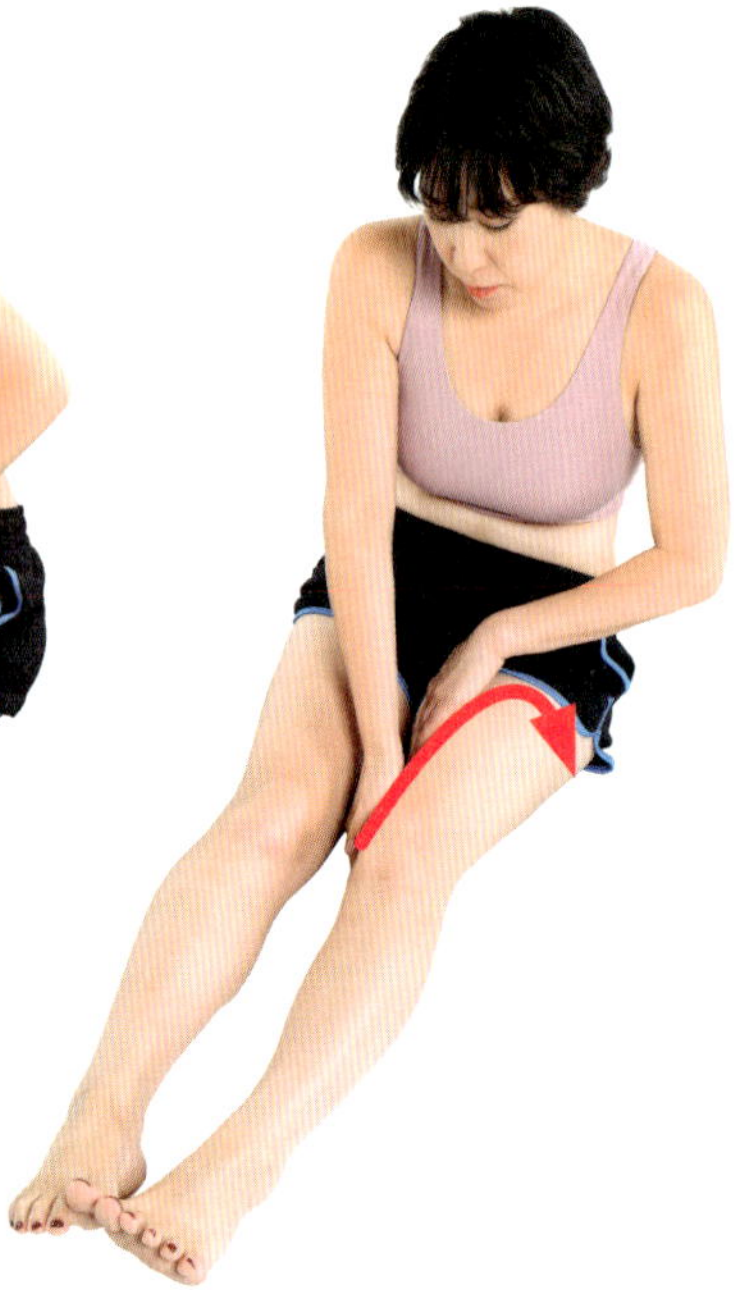

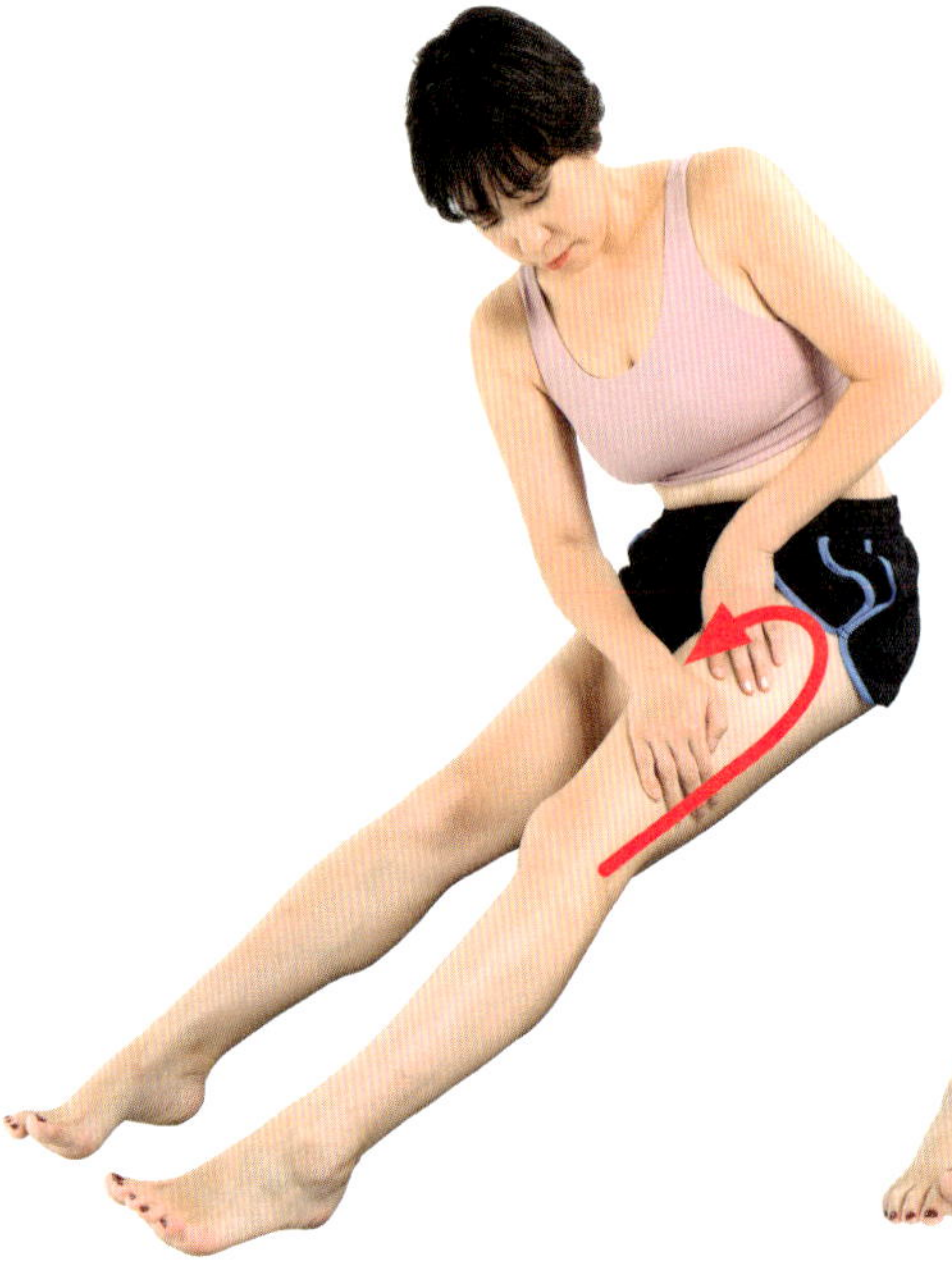

右側も同じように❶〜❺を行います。

Chapter 04

ズボラくびれづくりの効果を最大限に出すためのコツ

1日1回、体をさわる

人は言い訳が得意な生き物です。何かと理由をつけて、すぐ継続をあきらめてしまいます。

もしあなたが、ズボラくびれづくりを「毎朝、起きたらすぐやる」と決めたとしましょう。

でもたまたま、寝坊してしまったら？

ついやり忘れて、着替えてメイクも終わってしまっていたら？

自分で、やろうと決めたことができなかった。それが心のダメージになって、「もういいや」とあきらめてしまうかもしれません。

やる気満々で自分を律するのはすばらしいことですが、それに縛られてしまってやらなくなってしまっては本末転倒。

ズボラくびれづくりは継続が命です。

そのため、時間や場所、タイミングは決めなくてもいいので、とにかく思いついたら1

日1回はやるようにしましょう。

極端な話、時間がないときは、1分ほど自分の体をさわるだけでもいいです。

さわるだけでもOKとすれば、継続記録が途切れてしまうこともありませんし、また、さわるだけでも自分の体に意識を向けることができます。

ちなみに「でもどのタイミングにやるのが効果的ですか？」と聞かれれば、**最初のうちはお風呂上がりがおすすめ**です。体や肌がゆるみ、やわらかくなってつかみやすくなるからです。

でもこれはあくまで、参考程度にしてください。

お風呂上がりであってもなくても、なんなら湯船の中でもいいので、とりあえず1日1回、まずは体にさわることを習慣化しましょう！

目標は、着たい服を着ること

私が長年、施術者として掲げている目標があります。それは、**試着室でため息をつく女性をなくすこと**。

私は若い頃からファッションが大好きでした。でも太っていた頃は、試着室でため息をつくばかり。店員さんに「いかがですか？」と呼びかけられて「着てみたらイメージに合わなくて……」と何度言ったかわかりません（本当は入らなかっただけなのに……）。

ズボラくびれづくりは、必ずあなたの体を魅力的に変えてくれます。なので、**あきらめてしまったあの服を、今すぐ買いに行ってください**。その服を着ることを、ズボラくびれづくりを続ける目標にしましょう。

着たいサイズを選ぶのはもちろん、「派手だから」とか「きっと似合わないデザインだから」など、好きなのに選ばない理由を探すのはやめて、本当に着たい服を買うのです。もし、「好きな服がわからない」という人は、憧れの女性が着ているものを選ぶのもいいでしょう。

憧れの人は、外国人でも日本人でも、年齢が違っても、構いません。まずは「あの人のあの服」と決めて買いに行ってみませんか？

ズボラくびれづくりのメソッドを続けていけば、いつか必ずその服を着こなせる日が来ます。

洋服選びのコツをもう1つ。

日常で着る服を選ぶとき、これからは**ある程度、緊張感を保てるもの**にしましょう。

美ボディキープには、緊張感が、よいスパイスになってくれます。

ハイヒールを履いたり、スリットが深めの足が見えるスカートをはいたりすると、足元に意識がいきますよね。その緊張感が足の美しさをより引き立ててくれるのです。

逆に、スウェットを着ていれば、楽ちんで体に負担もないけれど、その分、ボディラインもだらけていきます。

ホールド感のないカップ付きインナーも避けましょう。

バストを包み込んでいるクーパー靭帯は一度切れたら、重力に負けてどんどん垂れてしまいます。

また、着たい服をさらに美しく見せるのにおすすめなのが、ガードルなどの着圧がある下着です。

海外セレブの中では、ドレスの下に補正下着を着るのはもはや常識。

ズボラくびれづくりでやわらかくなったお肉だからこそ、ホールド力のある下着でキープし、体にその状態を覚えさせることは大事です。

他にも、ぜひボディラインが目立つ服も選んでみてください。

ウエストがわかりやすいぴったりサイズのワンピース、鎖骨が見えるボートネック、二の腕の見えるノースリーブ、ウエストからヒップに向けてのラインがきれいなマーメイドスカート……。

どれも、くびれのあるきれいなボディラインを手に入れたあなたに、きっと似合うはずです。

選ぶ服が、あなたを理想の姿へとより近づけてくれるでしょう。

理想のボディラインを手に入れるためにも、常に次の2つの質問を自分に投げかけましょう。

今日着た服は、本当に着たい服でしたか?

明日着る服は、本当に着たい服でしょうか?

ズボラくびれづくりを始めるときは、最初に着たい服を買って、それを着て好きな場所に出かけることを目標にするのがおすすめです。

ズボラくびれづくりは3カ月コースで考える

ズボラくびれづくりは即効性がありますが、くびれの定着を目指すなら、まずは3カ月続けることを目標にしましょう。

1カ月目

とにかく体をさわり続けましょう。うまくできなくてもいいです。見よう見真似でいいので、やってみることを目標にしましょう。

うまくできなくても、1カ月続ければ肉質は確実に変わってきます。

2カ月目

日ごとの体の変化がわかるようになってきます。

「今日は、デスクワークが多かったから肩まわりが硬いな」「外回りで太ももがパンパンだな」と、その日にケアすべき部位がわかるようになるはずです。

2カ月続ければ、くびれが少しずつ定着します。

✦3カ月目✦

ここまで来れば、ボディラインを自分の手でつくれるようになっているはずです。

体をさわることが当たり前になり、姿勢や生活習慣、マインドも変わっていることでしょう。

こうして3カ月が経ち、美しくなったら、もう二度と前の自分には戻りたくなくなります。

もちろん4カ月目に向けて続けてもいいですし、3カ月で理想のボディラインになったら、気になったときだけやるのもいいでしょう。

3カ月と聞くと長いように感じるかもしれませんが、まずは適当でも、「さわるだけ」を目標にしてもいいので、気負わずに、続けることを目標にしましょう。

「私なんか」「私なんて」を捨てる

今回のメソッドは、「ズボラに、くびれる」がテーマです。

でもついできない日があったりすると、

「私なんか、何をやっても変わらない」

「私なんて、どうせきれいになれない」

そういって、すぐあきらめてしまう人がいます。


「私なんか」「私なんて」は、自分をブスにしてしまう言葉です。

「私はこんなもんだからこれくらいでいい」「どうせ私はこの体形だから、このぐらいのレベルの服でいい」というのは、絶対に本心ではないはずです。

「私なんか」「私なんて」は、今日から禁止にしましょう。

ズボラくびれづくりは、今、あなたの中に眠っているくびれと一緒に、美しさを掘り起こす作業です。

理想の姿を目指して、施術を行いましょう。

ただ「あんな人になりたい」という憧れの目標はあってもいいのですが、しっかりとした骨格の人が、骨の細い華奢な女性を目指したとしても、同じような体形になるのはむずかしいでしょう。

骨格も遺伝子も肉質も違う人を目標にして頑張ると、途中であきらめたくなってしまいます。

憧れてもいい、真似してもいい、でも最終的にはその憧れを飛び越えて、**あなたが一番美しく見える体形**を手に入れてください。

ありのままの自分がきれいになったら、最高の笑顔が出てきます。

自信にあふれた笑顔が、さらにあなたを美しくします。

あなただからこその美しさを見つけ出しましょう!

美しいくびれをつくる3つのコツ

美しいくびれをつくるにはコツがあります。
それは、次の3つです。

・やわらかいこと
・凝りがないこと
・完璧主義にならないこと

「やわらかい」と「凝りがない」に関しては、今までお伝えしてきたとおりです。

まずは、理想の形に肉をととのえやすいように、やわらかく凝りのない体を目指しましょう。

もう1つ、大事なのが、「完璧主義にならないこと」です。

完璧主義は継続の弊害になりやすいためです。

「この圧でいいのかな？」

「この回数でいいのかな？」

「この秒数で合っているのかな？」

と不安にならなくても大丈夫です。

完璧主義な人は自律神経が乱れがちです。自律神経の乱れは、筋膜の癒着を促進します。

ズボラくびれづくりを試すときは「ゆるゆる、適当」くらい、気楽に取り組んでくださいね。

実は、ズボラくびれづくりは、**適当にやっても、続ければ効果が出るようになっています。**

セルフケアは、完璧にやらなくても誰にも叱られません(笑)。楽しく続けましょう！

くびれをつくって人生を大きく変えよう！

これまで多くの方がくびれをつくっている姿を見て、**くびれは人生を大きく変える**と断言できます。

左ページの「くびれで人生激変マップ」をご覧ください。

くびれは、すべてのスタートです。

くびれができると、本当に着たい服を着ることができるようになって、人から褒められ、自分に自信がつき、その自信がオーラとなって、周囲への影響力が増していきます。

このサイクルは、スパイラル状にどんどん上昇していきます。

スタイルがよくなるだけで、いくらでもやりたいことが出てきます。きれいになるだけで、人生が前向きになるのです。

女性の人生を、活動的に、豊かにする方法の１つが、くびれづくりなのです。

くびれで人生激変マップ

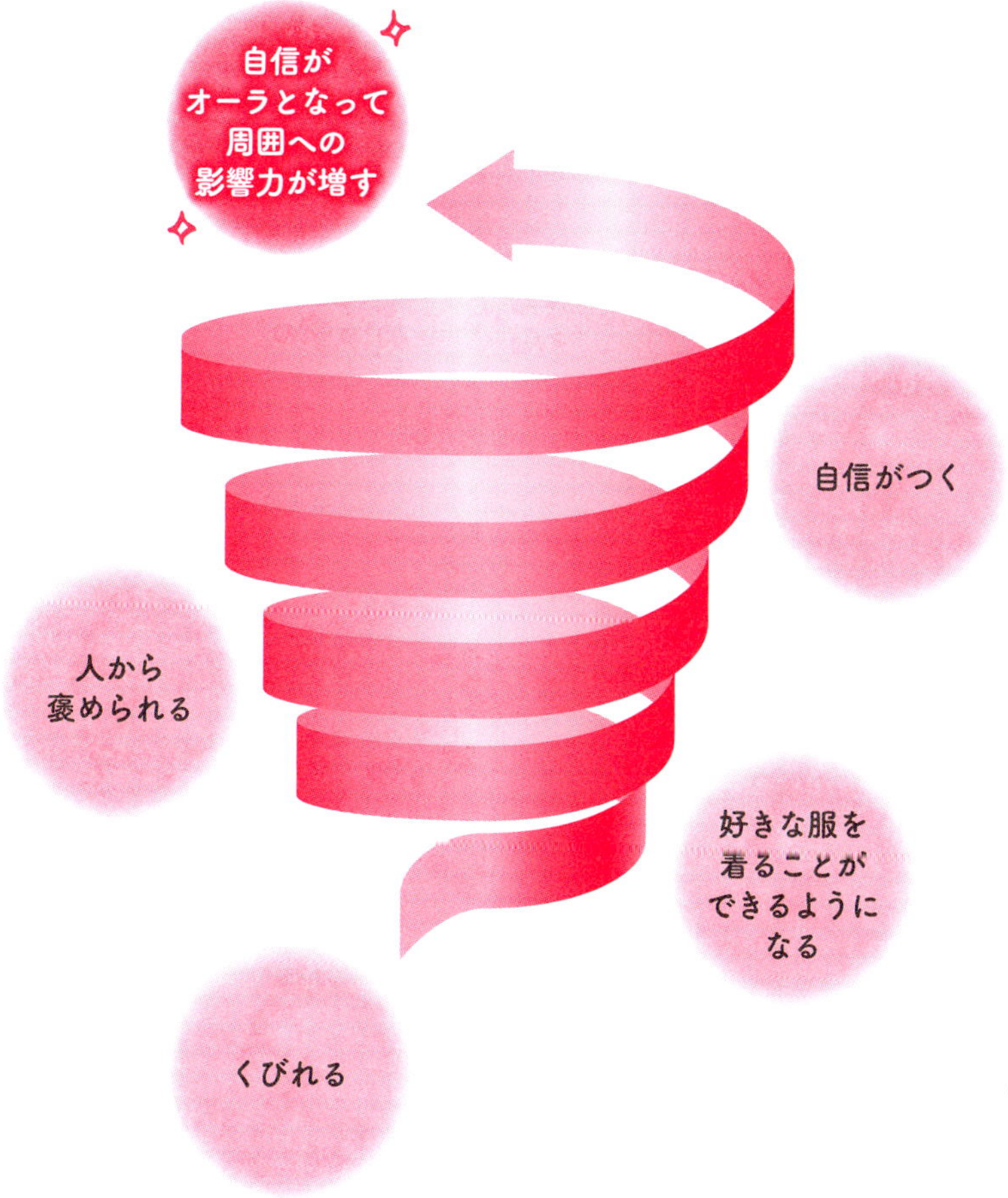
自信が
オーラとなって
周囲への
影響力が増す
自信がつく
人から
褒められる
好きな服を
着ることが
できるように
なる
くびれる

くびれと胸は女性を象徴するもの。

マシュマロボディという言葉があるように、やわらかくふわふわした体になるだけでも、自分の中にある美しさがにじみ出てきます。


体重の数字を目標に、「やせた」「太った」に捕らわれる必要は一切ありません。

それでは、心もギスギスしてしまいます。


これからは、**誰かのためにではなく自分のために美しくなりましょう**。

中には、美しくなることに、無意識に「ストップ」をかけている方がいらっしゃいます。

身近な人からの謎の圧力などが原因で、きれいになることが悪いことのように感じているのです。

勇気を持ってエステに来てくれた方が
「夫に『そんなことに今さらお金をかけるの？』と反対された」
「息子から『今さらなんのためにするの？』とバカにされた」
といって、心が折れるのを本当にたくさん見てきました。

そんな心ない言葉はすべて無視しましょう。
いくつになっても、女性はきれいであるべきなのです。
だって、そのほうが人生は何倍も楽しめるから！

これからの未来を精いっぱい楽しむための、最初のきっかけとして、くびれづくりを一緒に楽しみましょう！

COLUMN
3

冷えは美ボディの敵！

セルライトをご存じでしょうか。

太ももや二の腕をつまんだりひねったりしたときに出てくる、体の表面のデコボコのことで、太っている・やせているに限らず、ほとんどの人にあります。

セルライトは、血行不良により老廃物や水分が脂肪細胞にくっついて肥大化し、コラーゲン線維と癒着したものです。

このセルライトの除去を行わずに、トレーニングを始めてしまうと、ボディラインが崩れたり、ついてほしくないところに筋肉がついてしまったりします。セルライトは、美ボディの大敵なのです。

特に、肌が冷たいところはセルライトができやすい（もしくはすでにある）です。

「冷たいところ＝脂肪のつきやすいところ」ともいえます。

現代は、冷えている女性がとても多いです。お腹、腰、二の腕、内もも、外もも、ひざ上、足首……。

自分で体をさわりはじめると、皆さん、自分の体の冷たさに気がつくはずです。なるべく体は温めるようにしましょう。

何にもしたくないほどに疲れてしまった日でも、湯船に入って体を温めてください。

少し大胆なむくみ対策＆温め方のコツとして、着圧ソックスを履いたまま湯船に浸かるのもおすすめです。

Chapter 05

ズボラくびれづくりQ＆A

Q1 正しくできているかどうか、わかりません。

ズボラくびれづくりを始めた皆さんからよくあがる質問が、「正しくできているのかどうかわからない」「つかむ位置が合っているか、自信がない」というものです。

ズボラくびれづくりは、ツボ押しなどとは異なり「この部分を、正確に押さないと効果が出ない」ということはありません。


だいたい、ざっくりでOK！　これもズボラの由来です。

メソッドの中には3カ所をひっぱるなどの項目がよく出てきますが、これも「だいたい」で大丈夫。ウエストを例にすると、実際に自分の手で肉をつかめるのは、肋骨と腸骨に挟まれた10㎝ほどの範囲。スペース的に大体3回に分ければ、お腹のお肉を満遍なくつかむことができる計算なので、3カ所と示しました。

でも、お腹の広さ（長さ）や手の大きさは、人によって違うので、3回でつかみきれる人もいれば、4回でちょうどいい人もいます。
4回でお腹全体がつかめるのであれば4回、2回でつかめるのであれば2回、つかんでください。そのくらい自分に合わせてカスタムしてもOKです。

似たような質問で「つかんだときの感触が左右で違うけれど、どちらかのやり方が間違っているのでしょうか？」というのもあります。

生活習慣や利き手の違いから、体の肉の硬さやつかむ手の強さは左右でかなり違います。なので、感触が違って当たり前なのです。

正しくできているかどうかを最もカンタンに、客観的に確認するなら、まずは片側だけを集中して行い、ビフォーアフターの写真を撮影して左右差を比較してみましょう。

施術をしたほうが細くなっていたら正しくできています。

もし左右差がなければ、再度Chapter3を読み込んでチャレンジしましょう。

回数もやればやるだけ効果が出ますので、本書で紹介している回数よりも多めに試せば、変化がより目に見えるはずです。

Q2 指圧、リンパマッサージ、一般的な筋膜リリースとの違いは？

それぞれの違いは、次のとおりです。

指圧

指圧は、全身にある「気」の出入り口といわれる経穴《けいけつ》（＝ツボ）を刺激して、さまざまな効果をもたらす東洋医学の療法です。

継続して行う場合は別ですが、つらいときにだけ指圧をしても、一時的に体が楽になるだけです。特に筋膜が癒着したままの状態であれば、すぐに体がもとの形に戻ってしまい、凝りや痛みの原因の根本を正せません。

リンパマッサージ

リンパマッサージは、リンパの流れを活性化させ、老廃物や異物を排出させます。「排出」に重きを置いた施術なので、リンパマッサージでは筋膜の癒着は取れません。そもそも筋膜が癒着して筋肉の動きが悪いと、リンパもうまく流れません。

一般的な筋膜リリース

一般的な筋膜リリースの多くは、身体機能を改善するために筋膜の癒着をとることに主眼を置いています。

これらと違いズボラくびれづくりは、**筋膜の癒着をとり、やわらかくゆるんだ体の肉を理想の形に形成するまでがメソッド**です。

くびれのあるボディラインをつくるには、ズボラくびれづくりが最も効果的なのです。

Q3 食事制限は必要ないでしょうか？

ズボラくびれづくりに限っていえば、一切、必要ありません。

過去、いつもと変わらない食事で、お菓子もお酒もやめなかった人でも、メソッドを続けて、くびれをしっかりつくることができました。

ズボラくびれづくりは、「体がやせやすくなる」という、体質改善のメソッドでもあるからです。

ただもし、より美しいボディメイクやリバースエイジングを目指すなら、食事にも気を配っていきましょう。

特にタンパク質は積極的にとる必要があります。タンパク質には、肌、髪、爪、それから筋肉などをつくる役割があり、不足すれば肌のツヤは失われ、薄毛や切れ毛の原因に。縦筋が目立つ爪もタンパク質不足が原因の1つです。

その他、ズボラくびれづくりのチャレンジ中に積極的に摂取してほしいのがお水です。58ページのコラムでもふれましたが、水分の摂取はとても大切です。水も目的に合わせて、次のようにとるタイミングや種類を変えてみましょう。

むくみケア

むくみが気になるときは、食事中に常温の軟水を1、2杯飲むとよいでしょう。軟水には老廃物の排出を促す効果があります。また、硬度が低いお水ほどデトックス効果が期待できるので、お酒を飲んだ次の日や、仕事終わりなど足のむくみが気になるときは軟水を飲みましょう。

ポッコリお腹の解消

常温の硬水を食前に1杯飲みましょう。硬水には、代謝アップや脂肪の吸収の抑制効果があります。特にマグネシウムが多く含まれているので便秘解消に効果的です。ただし、飲みすぎると便が軟らかくなりすぎる可能性があるので注意しましょう。

Q4 ズボラくびれづくりは、いつやるのがベストですか？

Chapter4では、お風呂上がりに行うことをおすすめしました。これは「肉がやわらかくなってつかみやすい」「習慣化しやすい」という観点からでした。

ズボラくびれづくりは**「やせスイッチ」をONにする動作なので、「朝一番」に行うと最も効果を高めることが**できます。

起きたあとは、仕事のある方なら通勤、自宅にいる方は掃除など何かしら体を多く動かす時間があるはずです。

ズボラくびれづくりをして、やせスイッチをONにすれば、当たり前の日常動作がボディメイクの時間に変わります。

また、ヨガやジョギングを習慣化しているならば、準備運動の1つにズボラくびれづくりを取り入れてみてください。体がしなやかになり、動かしやすくなります。スポーツジムやピラティスなどに行く前もおすすめです。普段よりも負荷をかけてトレーニングできるようになりますし、何よりもケガの予防になります。

ただ、少しだけ注意したほうがいいスポーツもあります。

ズボラくびれづくりは筋肉の柔軟性を高める効果もあるので、瞬発力を必要とする動きとは相性があまりよくないです。

短距離走(スプリント)などの陸上競技、パワーリフティングなどの前にズボラくびれづくりを行うと、ここぞというところで力が入りにくくなり、踏ん張りがきかなくなって逆効果です。

この本を読む方がこれらの運動をされているケースはあまりないと思いますが、今後、ご家族やパートナーと一緒に取り組む方もいらっしゃるかもしれませんので、念のため、覚えておきましょう。

Q5 ズボラくびれづくりは、いつまでやり続ければいいですか？

ズボラくびれづくりに終わりはありません。生活をしていれば、いつの間にか体が凝り固まってしまうからです。

でもゴールが見えないのはつらいですよね。

なので、88ページでお伝えしたように、まずは最低でも3カ月は頑張りましょう。

どんなに凝り固まった体の人でも、3カ月間頑張れば、体の変化がハッキリ目に見えてくるからです。

もちろん継続が何よりも大切ですが、もし、やめたくなったとしても「週末だけケアをする」「3日に1回はウエストの施術だけ続ける」など負担に感じないものだけ続けて、徐々にまたいつものペースに戻していきましょう。

すでにお伝えしてきたように、「とりあえず毎日体をさわる」でも構いません。**まったくさわらなくなり、一度柔らかくなった体を、またゼロにしてしまうのはとてももったいない**からです。

実は、やせるのはカンタンです。むずかしいのは理想の体形を維持すること。気のゆるみは、そのまま体形のゆるみにつながっていきます。

「やせてはリバウンドする」を繰り返すより、理想の体形をキープするほうが、とにかく困難なのです。

だからこそ、ズボラくびれづくりをスキンケアと同じくらい、日常の一部にしてしまいましょう！

おわりに

皆さんは、どんなときに、幸せを感じますか？

私は好きな服を着て、その好きな服を着た自分がきれいに見えたときに「本当に幸せだなあ」と思います。

自信を持って大好きな服を着て、「私は美しい」という前向きな気持ちが、胸を張って颯爽と私を前へ前へと歩かせてくれます。

私は**ズボラくびれづくりが、女性の人生をさらに活動的に、豊かにすると確信しています**。

これまでズボラくびれづくりに挑戦した皆さんが自信をつけて、あるいは自信を取り戻して、別人のように美しくなって輝き出す姿をたくさん目の当たりにしてきました。

きれいになって悪いことなんて1つもありません。

自信がついたら些細《ささい》なことが気にならなくなりますし、心に余裕が生まれて、まわりの人に優しくできます。
本当にカンタンにできて、毎日が楽しくなるメソッドなので、あなたに今すぐスタートしてほしいです。

今のあなたの体は10年前、5年前、3年前のあなたの習慣がすべて反映されたもの。だから今、この瞬間からズボラくびれづくりをスタートすると決めて、美しい未来の自分に積極的に近づいていきましょう。

末筆とはなりますが、この本を執筆できたのは私と一緒に美しくなることに挑戦してくださったたくさんの方々のおかげです。

コンプレックスを解消して自信を身につけた女性は本当に輝いています。

この本を読んだ皆さんが、さらに美しくなって自分の人生を豊かに歩むことを願っています。

水野志音

著者紹介

水野志音（みずの・しおん）

株式会社SPACE X 代表取締役／リバースエイジング美容家
1987年生まれ、三重県出身。エステティシャン歴13年。エステ学校を卒業後、痩身サロン、小顔サロン勤務を経て筋膜リリースに出会い、その高い効果に惚れ込む。「本当に結果の出る技術を提供したい」と、27歳で自宅マンションの一室でエステサロンをOPEN。現在は、銀座で女性のくびれに特化した美体造形® 筋膜リリース専門のエステサロンを経営している。即、メリハリボディがつくれ、持続性が高いと話題になり、1回５万5000円という価格でも、新幹線や飛行機を使ってサロンに通う人も多い。コロナ禍に独自の「つかんでひっぱるだけでくびれをつくるセルフケア」をオンラインで伝えたところ、サロンに通わずにくびれができると話題になり、約３年で延べ１万人以上の女性が自分の手だけでくびれをつくっている。現在は、綺麗になった女性の先の人生をさらに豊かにするために女性が活躍できる環境と場を提供することをミッションとし、イベントなど多数主催。

監修者紹介

工藤孝文（くどう・たかふみ）

医師・工藤内科 院長
ダイエット外来医・内科医・糖尿病内科医・漢方医
福岡大学医学部卒業後、アイルランド、オーストラリアへ留学。帰国後、大学病院、地域の基幹病院を経て、現在は、福岡県みやま市の工藤内科で地域医療に力を注ぐ。専門は、糖尿病・ダイエット治療・漢方治療。「ガッテン！」（ＮＨＫ）、「世界一受けたい授業」（日本テレビ）など、テレビ番組への出演・医療監修を行うほか、ダイエット関連の著作も多い。日本内科学会・日本糖尿病学会・日本肥満学会・日本抗加齢医学会・日本東洋医学会・日本女性医学学会・日本高血圧学会、小児慢性疾病指定医。

１日《にち》１回《かい》！ つかんでひっぱるだけ！

40代《だい》からのズボラくびれづくり 〈検印省略〉

2025年 2 月 14 日 第 1 刷発行

著　者――水野 志音（みずの・しおん）
監修者――工藤 孝文（くどう・たかふみ）
発行者――田賀井 弘毅

発行所――株式会社あさ出版
〒171-0022 東京都豊島区南池袋 2-9-9 第一池袋ホワイトビル 6F
電　話 03 (3983) 3225（販売）
03 (3983) 3227（編集）
F A X 03 (3983) 3226
U R L http://www.asa21.com/
E-mail info@asa21.com
印刷・製本 （株）光邦

note http://note.com/asapublishing/
facebook http://www.facebook.com/asapublishing
X https://x.com/asapublishing

ISBN978-4-86667-731-6 C2077